KB038851

믿음 해체하기

이 도서의 국립중앙도서관 출판예정도서목록(CIP)은 서지정보유통지원시스템 홈페이지 (http://seoji.nl.go.kr)와 국가자료공동목록시스템(http://www.nl.go.kr/kolisnet)에서 이용하실 수 있습니다. CIP제어번호: CIP2017007274(양장), CIP2017007275(반양장)

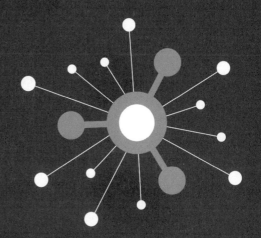

믿음 해체하기
Understanding Beliefs

닐스 J. 닐슨 지음
박삼주 옮김

[믿음] …… 인간의 행위가 이루어지는 근거.

알렉산더 베인(Alexander Bain), 심리학자
루이스 메난드(Louis Menand)의 『형이상학 클럽(The Metaphysical Club)』[1]에서 인용

인간의 가장 고귀한 특징은
무엇을 믿지 말아야 하는지를 분별하는 의식이다.

에우리피데스(Euripides), 기원전 약 480~406년경

우리는 아주 많이 알지 못할 수 있지만, 무언가는 알고 있고,
우리의 마음이 바뀌는 것에 항상 대비하면서도,
아는 것에 비추어 최선의 행동을 해야만 한다.

위스턴 휴 오든(Wystan Hugh Auden)
애덤 고프닉(Adam Gopnik)의 『더블 맨(The Double Man)』[2]에서 인용

옮긴이의 말

믿음은 인간의 행위가 이루어지는 근거다. 믿음에 대해 말할 수 있는 가장 중요한 것 가운데 하나는, 믿음은 잠정적이고 변할 수 있다는 점이다. 믿음은 현 상황을 지각하고, 적절한 행동을 식별하고, 그 행동 효과를 예측하는 데 중요한 역할을 한다. 유용한 믿음을 잃거나 잘못된 믿음을 받아들이는 것 모두 삶을 바꿀 만한 결과를 가져올 수 있다.

스탠퍼드 대학교 컴퓨터과학부 교수이자 인공지능 연구의 선구자인 저자는 믿음이 어떻게 생성되는 것인지, 어떤 성질을 지닌 것인지, 어떤 역할을 하는 것인지를 지식, 모형, 사실, 현실, 진실 등의 개념에 비추어 비근한 사례를 통해 간결하면서도 설득력 있게 설명한다.

저자는 지구온난화 같은 사례를 들어 사람들이 믿음을 어떻게 평가하고 수용하는지를 설명하고, 시장과 거래에 비추어 믿음의 확률을 분석한다. 나아가, 믿음의 상대성을 언급하면서도 과학적인 믿음을 바람직한 것으로 제시한다. 자칫 어려울 수 있는 과학의 발전 과정에 대한 설명에서는 핵심적인 개

넘을 간략하게 전달하면서도 생생한 묘사를 통해 흥미를 불러 일으킨다.

심장은 펌프에, 눈은 렌즈와 사진기에, 뇌는 한때 수압 장치로 나중에는 전화교환기로 지금은 컴퓨터에 비교되고 있다. '컴퓨터와 로봇의 믿음'이 인간의 믿음과 무슨 관계가 있는가? 저자는 인간의 믿음에 관한 추가적인 통찰은 인간의 믿음을 로봇의 믿음과 비교함으로써 획득될 것이라고 말한다. 인간의 고유 영역이라고 여겨지는 분야를 인공지능이 대신하거나 더 성공적인 결과를 드러내면서 이미 근본적인 변화가 진행되고 있다. 이와 같이 저자가 들려주는 생생한 사례를 따라가면서 인간의 믿음에 대한 통찰을 음미해볼 수 있다.

지적으로는 믿음이 잠정적인 것이라고 기꺼이 받아들일 수 있지만, 실제로 믿음을 바꾸는 것은 매우 어려운 일이다. 고립된 생활 방식과 태도를 취하거나 오직 생각이 비슷한 사람들하고만 어울리는 경우 우리의 믿음은 더욱 극단적이 된다. 우리는 이해를 먼저하고 평가를 나중에 하며, 더 많은 정신적인 노력이 필요한 평가 과정 없이, 이해한 것을 자동적으로 믿는 심리적 경향을 지닌다. 또한 이미 가지고 있는 믿음을 지지하는 정보를 선호하는 '확증 편향'과 이미 가지고 있는 믿음에 반하는 정보를 무시하거나 묵살하는 '부정 편향'이 공정한 믿음 평가를 방해한다. '믿음의 함정'에서 벗어나는 데 도움이 될 수 있는 추론조차 비논리적인 요인의 영향을 받을 수 있고, 논리적으로 추론한다고 생각할 때조차 여러 종류의 추론 오류에 빠질 수 있다. '믿음의 함정'에서 벗어날 수 있는 최선의 해결책은 무엇인가?

저자는 "이 책은 믿음에 대한 자신의 믿음을 갖추는 문제에 관심을 가진 사람을 위해 쓰였다. 내 믿음 가운데 많은 부분이 논쟁의 소지가 있고, 당신은 아마도 내 믿음에 동의하지 않을지도 모른다. 그렇지만 결국 당신은 그것을 간단히 내 믿음으로 받아들일 수는 있을 것이다"라고 말한다. 괴테의 "모든 이론은 회색이고, 오직 영원한 것은 저 푸른 생명의 나무다"라는 말을 인용하면서 일독을 권한다.

2017년 4월
박삼주

차례

들어가며

나는 인공지능과 로봇을 연구하면서 '사람들이 어떻게 사물을 알게 되는가'라는 문제에 관심을 가지게 되었다. 로봇이 적절하게 작동하려면, 자신을 둘러싼 세계에 대해서 무언가를 알아야만 한다. 우리가 만들었기 때문에 우리는 로봇이 어떻게 '아는지know' 알고 있다. 로봇이 가진 일부 지식은 그를 만든 디자이너나 제작자에 의해 사전에 장착된다. 다소간 어떤 지식은 인지 장치 ─ 보고, 읽고, 만지고, 듣는 ─ 를 통해 직접적으로 만들어진다. 나아가, 로봇은 이미 가지고 있는 지식의 설명과 결론이라는 형태로 추가적인 지식을 '제작할manufacture' 수도 있다. 이러한 방식은 우리들, 즉 사람과 같다. 아마 우리 유전자는 일부 지식을 진화에 의해 형성된 성향으로서 암호화할 것이다. 하지만 나머지 지식은 인지능력과 추론하고 이론화하는 능력을 바탕으로 만들어진다.

아직 뇌 과학은 우리가 어떻게 사물을 아는지에 대해 상세한 설명을 제시할 정도로 발달하지는 못했다. 그렇지만 인지심리학자나 철학자는 이들 지식에 대해 할 말이 많다. 심리학자는 다양한 종류, 특히 두 종류의 지식을 언급한다. 하나는 '절차적 지식procedural knowledge'으로, 어떻게how에 대해 아는 것이다. 다른 하나는 '서술적 지식declarative knowledge'으로, 대상that에 대해 아는 것이다. 자전거 타는 방법을 아는 것은 절차적이다. (이러한 지식은 뇌 속에 프로그램으로 내장되어 자전거 타기를 가능하게 만든다.) 자전거 바퀴가 두 개임을 아는 것은 서술적이다. (이러한 지식은 서술적인 문장으로 진술될 수 있다.)

지식 연구에 관심을 갖는 철학 분야를 '인식론epistemology'이라고 한다. 철학자 역시 어떻게에 대한 지식과 대상에 대한 지식을 구분한다. 인식론은 주로 대상에 관련된 지식 — 서술적인 문장으로 표현될 수 있는 종류의 지식 (철학자는 종종 이것을 '명제propositions'라고 부른다) — 에 관심을 가진다. 예를 들어 "태양은 핵융합반응을 통해 연료를 공급받는다"라는 문장(또는 명제)은 하나의 과학적 지식에 포함된다.

그렇다면 '믿음beliefs'은 어떤가? 서술적인 문장으로 표현된 우리의 믿음은 '지식knowledge'에 포함되는가? 어떤 믿음은 다른 믿음보다 더 약하겠지만, 나는 한 인간의 믿음 전체는 세계에 대한 그의 '지식'을 구성한다고 생각한다. 믿음은 그가 가진 전부다. (심지어 일부 명제가 불확실할 때도, 인공지능에서는 일련의 명제를 '지식 기반knowledge base'으로 참조하는 것이 일반적이다.)

일부 인식론 학자는 믿음과 지식을 구분하려고 시도한다.

결론적으로 그들은, 믿음은 '현실reality'을 충실하게 반영하지 못할 수 있는 반면, 지식은 현실을 확실하게 반영한다고 주장한다. 나는 한 문장(또는 일련의 문장)이 현실을 충실하게 반영하는지(무슨 뜻이든) 또는 못하는지에 대해 결정을 내리는 것이 불가능하다고 생각한다. 따라서 나는 질적이고 의미 있는 방법으로 지식과 믿음을 구분하는 것은 불가능하다고 생각한다. 그런데도 많은 사람이 무엇을 믿는 것과 무엇을 아는 것 사이에 마치 어떤 차이가 있다는 듯이 말한다. 예를 들어, 나는 종종 동료와ㅡ그 동료를 찰리라고 하자ㅡ이런저런 논쟁을 한다. 논쟁은 자주 다음과 같은 말로 끝난다. "찰리 자네가 그렇게 믿는다고 이해하네." 찰리는 손가락으로 내 가슴을 찌르면서 이렇게 반응하곤 한다. "내가 믿는 게 아니라 아는 거네." 찰리가, 믿는 것과 아는 것 사이에 실질적인 차이가 있다고 생각하든 말든 내가 보기에 가슴 찌르기는 간단히 그가 강하게 믿는다는 것을 나타낸다.

누군가 어떤 명제를 안다고 말할 때ㅡ심지어 내가 그 명제를 전혀 믿지 않을 때도ㅡ나는, 그 말이 그가 해당 명제를 정말로 강하게 믿는다는 점을 의미하는 것이라고 해석한다. 그런 사람은 강하게 간직하고 있는 명제에 대해 같은 식으로 진실true이라고 말할지도 모른다. 그 점은 내게도 적용된다. 나도 꽤 강하게 믿는 것에 대해서는 안다고 말하는 경향이 있고, 거기에 진실이라는 딱지를 붙인다. 사람들이 강력한 믿음을 표현하기 위해 '안다'라는 단어를 사용하기 때문에, 아마도 (찰리처럼) 뭔가를 아는 것과 믿는 것의 차이는 단지 믿음의 강도strength에 있는 것이 아니라 더욱 많은 것을 포함한다고 생각할지도 모른다. '더욱 많은 것'이 무엇인지 설명할 방법은 없다. 아는 것과 진실에 대해서는 6장('현실과 진실')에서 더 철저하게 탐구해보자.

우리 믿음의 다수는 강한 믿음과 불신 사이에 자리 잡고 있다. 믿음은 행동에 영향을 미치고 어떤 행동은 심각한 결과를 초래하기 때문에 나는 믿음에 대해서 주의 깊게 평가하는 것이 중요하다고 생각한다. 4장('믿음 평가하기')은 믿음을 평가하는 방법을 다루고 있다. 나는 과학적 방법(7장에서 탐구)이라고 불리게 된 일련의 절차가 모든 종류의 믿음을 평가하는 데 유용한 방법이라고 생각한다. 과학 이론처럼 우리의 모든 믿음도 변하거나 (또는 변해야만 하고) 변하기 마련이다.

이 책은 믿음에 대한 나의 믿음을 기술하고 있다. 이 책은, 나처럼, 믿음에 대한 자신의 믿음을 갖추는 문제에 관심을 가진 사람을 위해 쓰였다. 내 믿음 가운데 많은 부분이 논쟁의 소지가 있고, 당신은 아마도 내 믿음에 동의하지 않을지도 모른다. 그렇지만 결국 당신은 그것을 간단히 내 믿음으로 받아들일 수는 있을 것이다!

1

믿음, 지식, 모형

우리의 믿음은 세계에 대한 우리 지식의 대부분을 차지한다. 예를 들어, 나는 우리가 지구라고 부르는 행성에 수십 억의 사람들과 함께 존재한다고 믿는다. 나는 자동차, 비행기, 컴퓨터, 여러 도구와 같은 대상에 대해서, 그리고 그 모두가 어떻게 작동하는지에 대해서 (다양한 수준의) 믿음을 가지고 있다. 나는 내가 살고 있는 21세기 문화에 대해서, 무엇보다 민주주의, 법치, 인터넷, 과학, 인문학에 대해서 믿음을 가지고 있다. 나는 가족, 친구, 지인, 심지어 아직 만나지 못한 사람까지 많은 사람에 대해서 믿음을 가지고 있다. 나아가, 나는 그들 또한 믿음을 가지고 있다고 믿는다. 내 믿음 모두를 분명한 목록으로 만드는 일은 불가능할 것이다. 하지만 내 모든 믿음은 어딘가에 있고, 나의 뇌 속 어느 곳에 어떤 식으로든 — 변화하고, 성장하고, 위축되고, 그리고 내가 필요할 때 사용될 준비를 거의 갖춘 채로 — 반영되어 있다.

내가 내 믿음을 나열할 경우 다음과 같은 문장을 사용하게 될 것이다. "우주는 약 140억 년이 되었다", "세일럼은 오리건주의 수도다", "존 존스는 보통 그가 하겠다고 말한 것을 이행한다" 등등. 또한 내가 무엇을 믿지 않는지를 언급할 수 있다. 예를 들어 "나는 초능력을 믿지 않는다"와 같이. 그리고 내가 무언가를 모른다고 말할 수도 있다. 예를 들어 "나는 스리랑카의 인구가 얼마인지 모른다"와 같이.

우리는 자주 우리의 믿음(또는 일련의 믿음)을 '이론theories'과 관련짓는다. 우리는 일상적인 경험 —사회적이고 개인적인 것 모두— 에 대해 이론을 만들어낸다. 왜 뉴욕 시의 범죄율이 하락하는가? 왜 부스Booth는 링컨Lincoln을 암살했는가? 왜 우리 애들의 학교 성적이 떨어지는가? 왜 실업률이 그렇게 높은가 (또는 그렇게 낮은가)?

과학 이론은 과학자에 의해 제안되고 검증된다. 거기에는 암석에서 발견되는 화석과 태양의 거의 무한한 에너지, 지진 과 화산, 생명 형태의 다양함, 정신 활동, 항성의 생성과 소멸, 그리고 그 밖에 우리가 우주에 대해서 인지할 수 있는 근본적 인 모든 것에 대해 설명하는 이론들이 있다. 과학 이론은 보통 많은 문장 —수학으로 가득한— 으로 기술된다. 과학 이론은 과 학자의 뇌에 저장된 것을 보충하기 위해 논문이나 책으로 쓰 인다. 예를 들어, 과학자가 양자역학quantum mechanics을 "믿는 다"라고 말할 때, 그는 특정한 논문이나 책에 포함된 양자역학 에 관한 이론에 동의하고 있는 것이다. 보통 과학 이론은 우리 모두가 많은 것에 대해 일반적으로 가지고 있는 개인적인 이 론보다 훨씬 더 엄격한 검증을 거쳐야 한다.

과학적인 문헌 외에 역사, 정치 분석, 전기와 같은 논픽션과 서사도 무언가에 대한 작가의 믿음을 말하려는 취지를 가진 다. 당신이나 나는 이런 믿음 가운데 어떤 것을 자신의 것으로 받아들일 수도 있다. 예를 들어 당신은 스티븐 앰브로즈Stephen Ambrose가 그의 책『불굴의 용기Undaunted Courage』에서 루이스와 클라크Lewis and Clark의 탐험에 대해 쓴 이야기를 믿는다고 말할지도 모른다. 심지어 소설책의 세상에 대한 묘사도 믿음에 통합될 수 있다.

믿음에 대해 말할 수 있는 가장 중요한 것 가운데 하나는, 믿음은 잠정적이고 변할 수 있다는 (또는 적어도 그래야만 한다는) 점이다. 예를 들어, 내일은 맑을 것이라는 (내가 참고한 기상예보에 근거한) 내 믿음은 새로운 기상 자료를 접함에 따라 변할 것이다. 조기교육에 대한 믿음처럼 더욱 근본적인 몇몇 믿음 역시 변할지도 모른다. 과학과 의학은 새로운 실험과 새로운 이론적인 설명에 의해 진보하며, 이에 따라 새롭거나 변화된 믿음이 수반된다.

인지과학자는 다양한 종류의 지식을 구분한다. 믿음은 서술적인 문장으로 기술되기 때문에 믿음으로 표현되는 지식은 '서술적'인 것으로 불린다. 믿음이 어떤 식으로 우리 뇌에 반영되는지는 아무도 실제로 모른다. 철학자이자 인지과학자인 제리 포도르Jerry Fodor는 믿음이, 그가 "정신 언어mentalese"라고 부르는 "생각의 언어language of thought" 안에 문장 같은 형태로 반영된다고 주장한다. 신경과학자들, 심리학자들, 철학자들은 우리 뇌에 그러한 문장 같은 반영물이 있는지에 대해서 논쟁

믿음에 대해 말할 수 있는
가장 중요한 것 가운데 하나는,
믿음은 잠정적이고 변할 수 있다는
(또는 적어도 그래야만 한다는) 점이다.

을 지속하고 있다. 우리 목적을 위해서는 어떻게 믿음이 실제로 뇌에 반영되는지에 대해 걱정할 필요가 없다. 우리가 문장을 사용해 믿음을 진술하기 때문에, 믿음을 문장 — 문장을 만들어낸 언어로 제한된 — 으로 생각하는 것이 합리적으로 보이기 때문이다.

인지과학자는 다른 종류의 지식에 대해서도 언급한다. 그 가운데 하나는 "절차적"[1]이라고 불린다. 절차적 지식은 골프채를 휘두르거나 자전거를 타는 것처럼 실제적인 행동으로 내장된다. 인지와 행동 사이의 실시간 조율이 요구되는 과업에서는 서술적 지식보다 절차적 지식이 더욱 효과적이다. (당신은 '어떻게 옆으로 재주넘기를 하는가'와 관련된 몇몇 문장을 암기한 후 바로 옆으로 재주넘기를 할 수 있겠는가?) 비슷하게, 컴퓨터 시스템이 자동으로 차를 주차시키거나 비행기를 착륙시키는 데 사용하는 지식이 절차적 지식의 종류다. 어떻게 거미집을 만드는지, 어떻게 이동하는지, 어떻게 먹이를 쫓는지 등처럼 동물이 가진 지식의 많은 부분은 필시 절차적일 것이다.

절차적 지식은 중요하다. 하지만 그것은 그 지식을 가능하게 만드는 특별한 행동에 국한된다. 우리 인간이 다른 동물보다 훨씬 더 다재다능한 것은 세계에 관한 상당히 많은 지식이 서술적이어서 많은 다른 행동을 이끄는 데 사용될 수 있기 때문이다. 다소 일상적인 예를 들면, 운동이 건강을 증진한다는 믿음은 우리가 수영하고, 자전거를 타고, 조깅을 하도록 용기를 북돋아줄 수 있다.

서술적 지식이 다양한 상황에서 유용하게 쓰일 수 있다는 것만큼 중요한 점은 그것을 검토하고 의논할 수 있다는 것이다. 어떤 믿음을, 행동하기에 충분한 바탕이 될 정도로 신뢰하기 전에 우리는 그 믿음을─우리 자신의 경험과 추론, 다른 사람의 의견과 비판을 고려해─분석할 수 있고 수정할 수 있다. 철학자 칼 포퍼Karl Popper의 표현대로 "우리는 우리의 이론을 비판함으로써 우리를 대신해 그 이론을 죽게 만들 수 있다".[2]

믿음은 우리가 살고 있는 세계를 묘사하는 방법 가운데 하나다. 또한, 우리는 세계를 묘사하기 위해 ($E=mc^2$ 같은) 수학 등식, (기후 같은) 다양한 현상에 대한 컴퓨터 시뮬레이션simulations, 지도, 이야기를 이용한다. 이 모든 것이 합해져 현실 모형model─우리가 접근할 수 없는 현실 자체 대신 접근할 수 있는 대체물─을 구성한다. 현실을 직접 파악할 수 없기 때문에 우리는 이런 대체물을 다뤄야 한다. 현실은 '감각 장막sensory curtain'의 건너편에 있다. 우리의 믿음에서 언급된 대상, 성질, 관계가 현실의 한 부분으로서 실제로 존재한다고 쉽게 상상할 수는 있어도, 물리학자 데이비드 도이치David Deutsch의 표현대로,[3] 이는 단지 현실 모형─일종의 '가상현실virtual reality'─의 서술적인 부분을 구성하는 요소에 불과하다.

어떤 믿음을, 행동하기에
충분한 바탕이 될 정도로
신뢰하기 전에 우리는 그 믿음을
― 우리 자신의 경험과 추론, 다른
사람의 의견과 비판을 고려해 ―
분석할 수 있고 수정할 수 있다.

현실이 저기 있다. 객관적이고, 물질적이며 우리가 믿는 것에서 독립된 현실이. 그러나 우리는 절대로 이 현실을 직접 경험하지 못한다. 외적인 경험의 마지막 한 조각까지 모두가 가상현실이다. 우리 지식의 — 논리학, 수학, 철학 같은 비물질적인 세계의 지식과 상상력, 소설, 예술, 판타지 같은 지식을 포함 — 마지막 한 조각까지 뇌 자체의 가상-현실 생성기에 그런 세상을 만들어내는 프로그램 형태로 암호화된다. ······ 따라서 가상현실을 수반하는 것은 단지 과학 — 실제 세계에 대해 추론하는 — 만이 아니다. 모든 추론, 생각, 외적인 경험은 가상현실의 형태를 띤다.

현실 자체는 아니지만, 가상현실은 정말 현실처럼 느껴진다. 생물학자이자 작가인 리처드 도킨스Richard Dawkins가 말한 것처럼 "당연히, 우리는 진짜 세상에 굳게 자리 잡고 있다고 느낀다. (어쨌든 우리를 속박하는 가상현실 소프트웨어가 괜찮다면, 정확히 그렇게 느낄 수 있어야 한다.) 그 소프트웨어는 매우 훌륭하며, 무언가 문제가 생기는 드문 경우에만 우리는 가상현실을 알아차린다".[4]

우리가 살고 있는 가상현실에 대해 생각해보는 방법이 하나 있다. 구름 속에서 거대한 제트기를 조종하고 있는 조종사를 상상해보자. 조종사는 비행기 밖에 있는 어떤 것도 볼 수 없고 비행기의 위치, 속도, 주변 지형을 알려주는 계기판의 디스플레이에만 의존해야 한다. 물론 실제로 그 비행기는 진짜 세상에 존재하지만, 조종사가 알고 있는 진짜 세상은 계량 장치, 표시판, 포스-피드백 메커니즘force-feedback mechanisms으로 표현된다. 이 가상현실은 현실 자체가 아니고 단지 현실 모형일 뿐이다. 만약 그 모형이 좋지 않다면 비행기는 추락할 위험에 처하거나, 연료가 바닥나거나, 심지어 산 정상과 충돌할 것이다.

우리는 모두 이 비행기 조종사와 비슷한 상황에 처해 있다. 우리의 모형은 조종사가 보는 계기판의 계량 장치, 디스플레이와 유사하다. 우리의 믿음은 이 모형의 중요한 요소다. 비행기 조종사가 철저하게 검증되지 않은 계량 장치와 디스플레이를 믿지 않는 것과 꼭 마찬가지로, 우리 역시 엄격하게 평가되지 않은 믿음은 신뢰하지 않는 게 현명할 것이다.

2

믿음은 우리를 위해
무엇을 하는가

믿음은 여러 방법으로 우리에게 기여한다. 예측하거나 행동을 선택하도록 돕고, 주제를 더욱 상세하게 이해할 수 있도록 돕고, 창조성을 고무하고, 감정적인 반응을 만들어내며, 심지어 자기-충족self-fulfilling적일 수도 있다.

먼저, 사람들이 예측하거나 행동을 선택하기 위해 믿음을 사용하는 방법 몇 가지를 알아보자. 의학 분야에서 예를 들면, 의사는 믿음(의과 대학, 학술지, 임상 연구, 치료 행위를 통해 배운)을 사용해 병을 진단하고 경과를 예측하며, 치료하거나 완화할 수 있다고 예측되는 요법을 처방한다. 기업 경영자는 경영 활동에 대한 믿음을 사용해 새로운 전략, 자원 배분, 구조 조정, 채택할 수 있는 다른 조치의 결과를 예측한다. 변호사는 상해 사건에 관한 심리를 대비하는 전략을 세우기 위해 불법 행위, 고객, 판례, 주변 환경에 대한 믿음을 사용한다.

일상생활에서 우리는 모두 믿음에 바탕을 둔 예측을 한다. 예를 들어, 존 존스가 약속을 잘 지킨다고 믿는다면 그가 정한 시간에 정한 장소로 우리를 만나러 올 것이라고 자신 있게 예측할 수 있다. (덧붙이자면, 그 시간과 장소 또한 믿음으로 대변된다.) 또는, 보통 선택하는 출근길이 혼잡하다는 교통 방송의 보도를 믿는다면 다른 경로를 선택하지 않을 경우 지각할 것이라고 예측할 수 있다.

더욱 중요하게, 믿음은 교육, 경력 선택, 배우자 선택, 자녀

양육, 건강 수칙, 가족 재정, 우정, 도덕, 선거, 그 밖에 다양한 개인 생활에 관한 의사 결정을 돕는다. 이러한 믿음에서 유발된 행동은 모두, 유불리를 떠나, 중대한 결과를 가져온다. 예를 들어, 특정 항생제가 세균성 폐렴을 치료할 수 있다는 의사의 믿음과 마법 주문으로 치료할 수 있다는 무당의 믿음을 비교해 각각의 믿음이 초래할 다른 결과를 고려해보자. 우리에게는 우리 자신의 믿음을 주의 깊게 살펴볼 기회가 있고, 내 생각에는 또한, 의무가 있다.

믿음이 어떻게 행동에 영향을 미치는가? 때때로 믿음은, 적어도 의식적으로는, 행동에 영향을 미치지 않는다. 우리는 일상생활을 영위하기 위한 축적된 타성(절차적 지식)을 많이 가진 것처럼 보인다. 차를 운전하고, 심부름하고, 심지어 대화에 참여하기 위해 '자동조종 장치auto-pilot'에 의지한다. 누군가 우리에게 어떤 말을 할 때, 우리는 자주 생각 없이 반응한다. 이런 상황에서 우리는 심리학자 대니얼 카너먼Daniel Kahneman이 말한 "빠른 생각fast thinking"[1]을 하고 있는 것이다. 행동경제학 분야에 대한 연구로 노벨 경제학상을 받은 카너먼은 뇌가 매우 다른 두 종류의 사고방식을 가지고 있다고 말한다. 그가 '시스템1'이라고 부르는 하나는 빠른 생각을 한다. 시스템1은 신속하게 결정하기 위해 내장된 유형 인식능력, 습관, 축적된 경험을 사용한다. 시스템1은 관행적이고 일상적인 많은 행동

을 통제한다. 반면 '시스템2'는 더 천천히 생각한다. 시스템2
는 우리가 가진 분석적이고 추론적인 도구는 무엇이든 정교하
게 사용해 결론을 얻는다.

카너먼은 두 시스템의 차이를 보여주기 위해 다음의 예를
든다. "야구방망이 1개와 야구공 1개는 합해서 1달러 10센트
다. 야구방망이는 야구공보다 1달러 비싸다. 야구공의 가격은
얼마인가?" 많은 사람이 시스템1을 사용해 10센트라는 빠른
답을 떠올릴 것이다. 그러나 그 답은 틀렸다! 수학을 통해 정
답인 5센트를 찾기 위해서는 시스템2의 사용이 필요하다. 카
너먼은 책에서 다른 많은 사례를 들고 있다. 다양한 상황에서,
특히 빠른 결정이 필요한 경우, 빠른 생각은 유용한 조언을 해
준다. 또한 빠른 생각은 좋은 것이기도 한데, 언제나 느리게
생각하는 방법을 사용하려는 시도는 우리를 마비 상태에 빠지
게 해 무대책으로 만들기 때문이다. 그러나 덜 급하지만 중대
한 상황에서 빠른 생각은 우리를 위험할 정도로 엇나가게 할
수 있다. 그와 같은 상황에서 우리는 훨씬 더 천천히 신중하게
생각해야 한다.

느리고 신중한 생각이 믿음에 바탕을 둔 행동을 선택하기
위해 어떻게 작동하는지 보자. 먼저, 현 상황이 지각된다. 다
음으로, 그 상황에서 가장 적절하게 목적을 달성할 수 있는 행
동이 식별되고 그 행동이 가져올 수 있는 효과가 예측된다. 마

지막으로, 가장 바람직한 효과를 주는 행동이 선택된다. 믿음은 현 상황을 지각하고, 적절한 행동을 식별하고, 그 행동 효과를 예측하는 데 중요한 역할을 한다. 다음 장에서 언급하겠지만, 우리가 지각하는 것은 우리의 믿음-의존적인 기대에 크게 의존한다. 우리가 어떤 행동의 결과로 기대하는 것은 세상이 어떻게 작동하는지에 대한 우리의 믿음에 의존한다. 이처럼 행동을 선택하는 데 믿음은 중요한 역할을 하기 때문에 믿음을 평가하기 위해서, 특히 중대한 상황에서는, 철저하고 체계적인 방법을 사용해야 한다. 이러한 방법을 묘사하는 것이 4장의 주요한 초점이다.

믿음이 우리를 위해 하는 다른 일은 (행동 선택 과정에서 수행하는 역할 외에) 우리가 관찰한 것을 설명하는 데 도움을 주는 것이다. 예를 들어 오랜 경험은, 온대 지역은 일 년 가운데 어떤 시기, 즉 우리가 겨울이라고 부르는 시기가 여름이라고 부르는 다른 시기보다 일반적으로 더 춥다는 믿음을 불러일으킨다. 이러한 믿음이 앞선 관찰에 대해 **설명**하고, 이어지는 관찰에 대해 예측하고, 준비 행동을 하도록 우리를 재촉한다. 그렇지만, 우리는 체질적으로 그것을 그대로 놔두지 않는다. (우리는 반드시 더욱 심오한 설명을 찾아낸다.) 왜 겨울이 여름보다 더 추운가? 첫 번째 시도는 아마 여름보다 겨울에 태양이 하늘에 더 낮게 뜬다는 설명일 것이다. 따라서 온대 지역은 겨울에 여

름보다 더 적은 태양열을 받게 된다는 것이고, 이는 왜 겨울이
여름보다 추운지에 대한 설명이 된다.

그렇다면 왜 그 원인이 이러한 태양의 이상 행동인가? 그
원인과 관련해서 원시 부족에게는 아마 자신들만의 설명이 있
었을 것이다. 즉, 아마도 신들 가운데 하나가 그렇게 되도록
처리했다는 설명일 것이다. 현대 지식은 이에 대해 훨씬 만족
스럽게 설명한다. 지구가 태양을 중심으로 공전함에 따라, 기
울어진 지구 축에 의해 태양의 자오선 고도가 변경된다. 왜 지
구 축이 기울어져 있는가? 과학자들은 이 점에 대해서도 설명
을 가지고 있다. 믿음의 수준 각각은 우리에게 추가적인 이해
understanding를 제공한다. 믿음은 높은 신뢰성을 가진 다른 믿음
에 의해 설명될 경우 신뢰를 얻게 된다.

우리는 때때로 어떤 믿음의 원인을 묘사하는 방식으로 그
믿음에 대해 설명한다. 그런 식으로 우리는 기울어진 지구 축
이 겨울을 여름보다 더 춥게 만든다고 말할 수 있다. 우리는
즉시 믿음을 가지도록 진화된 능력에 더해, 우리가 믿는 것에
대한 설명 또는 원인을 찾으려는 강력한 필요 역시 진화시켜
왔다. 과학은 우리가 관찰한 것에 대한 설명을 만들어내거나
원인을 찾아내는 것이 전부다. 그 점은 신화도 같다. 가장 주
요한 차이는, 과학이 자신의 설명을 엄격한 검증과 분석에 따
르도록 하는 데 관심을 가지는 반면 신화는 그렇지 않다는 점

믿음은 현 상황을 지각하고,
적절한 행동을 식별하고,
그 행동 효과를 예측하는 데
중요한 역할을 한다.

이다.

과학적인 믿음은 보통 깊은 믿음의 위계位階, hierarchy of beliefs
에 포함된다. 믿음의 위계에서 각각의 믿음은 바로 위의 믿음
에 대한 설명이며, 그 아래의 믿음을 따르고 있다. 예를 들어,
지구와 자매 행성이 태양을 타원형 궤도로 돈다는 믿음은 뉴
턴Newton의 운동과 중력 법칙laws of motion and gravity으로 설명될 수
있다. 뉴턴은 질량 사이에 작용하는 힘을 상정해 중력을 설명
했다. 최근 아인슈타인Einstein은 휘어진 시공간curved space-time을
상정해 중력을 설명했다. 아직도 과학자들은 중력에 대해 양
자역학과 일치하는 더욱 심오한 설명을 찾고 있다. 몇몇 물리
학자는 끈 이론string theory에서 그 설명을 찾았다고 생각한다.

설명은 자주 과학 분야를 융합한다. 예를 들어, 복잡한 생물
학적인 과정은 화학과 기계적인 반응으로 설명될 수 있는데,
화학과 기계적인 반응은 결국 물리학에 근거를 두고 있다. 과
학 이론을 더욱 정교한 이론으로 설명하는 과정은 종종 '환원
주의reductionism'로 불린다. 종종 환원주의라는 말은, 설명하는
과정에서 무언가를 잃는 것을 의미한다고 오해되기 때문에 나
는 '설명주의explanationism'라는 용어를 선호한다.

어떤 믿음은, 유용한 예측을 하고 훨씬 깊은 이해를 획득하
는 데 도움을 줄 뿐만 아니라 심오한 감정적·창조적 반응을
불러일으킨다. 종교적이고 심미적인 믿음은 위대한 예술, 음

악, 문학, 시를 지속적으로 고취하고 우리를 경외와 감탄으로 이끈다. 과학적인 믿음도 그렇다. 많은 과학적인 믿음은 상상력을 압도한다. 빅뱅Big Bang은 수십, 수백 억의 은하를 탄생시켰는데, 지금도 그 은하는 상상 불가능한 속도로 상상 불가능하게 먼 곳으로 확산하는 중이다. 엄청난 시간 동안 DNA(이 자체도 경이다)에 의해 암호화된 유기체의 선택적 생존 과정은, DNA 안에서의 무작위적인 변이와 혼합과 더불어, 무한히 변하는 모든 경이로운 생명 형태를 지구 상에 탄생시켰다.

키츠Keats는 과학 지식이 경외감을 고취할 수 있다는 가능성을 무시하고, 그의 시 「라미아Lamia」에서, 분광기를 이용한 뉴턴의 과학적 실험이 「무지개Rainbow」라는 시를 파괴했다고 불평했다. 하지만, 리처드 도킨스가 관측한 것처럼, 햇빛과 물방울이 실제로 어떻게 무지개를 만들어내는지를 이해하는 것은 그 자체로 시를 고취할 수 있다.[2] 물리학자인 리처드 파인먼 Richard Feynman은 언젠가 과학의 아름다움을 언급하면서 이렇게 말했다. "과학은 아름다움을 더해줄 뿐이다. 나는 과학이 어떻게 아름다움을 덜어내는지 모르겠다."

믿음은 오락적인 가치도 지닌다. 예를 들어, 연극을 볼 때 우리는 연기에 몰두하기 위해 잠시 '불신을 유보'할 수 있다.

어떤 믿음은 단지 우리 기분을 좋게 만드는데, 이런 점이 사람들이 믿음을 유지하는 이유 가운데 하나다. 이런 믿음은 위로의 믿음credo consolans(나는 위로가 되기 때문에 믿는다)으로 불린다. 어떤 사람은 죽음 이후의 삶을 믿는다. 어떤 사람은 그를 돌봐주는 개인적인 천사가 있다고 믿는다. 많은 사람이 그들 삶의 방향을 인도해주는 신이 있다고 믿는다. 내 생각에 이런 믿음은 동화이지만, 동화는 다음 노래의 가사가 분명히 보여주듯이 꽤 유혹적일 수 있다.3

진실은 못처럼 딱딱하고 거칠어서,
우리에겐 동화가 필요하다네.
이제 나는 논리적인 결론과는 단절했네,
왜 내가 나의 환상을 거부해야 하나?

경제학자 로빈 핸슨Robin Hanson은 재미있는 비유로 믿음을 설명한다. 그는, 사람의 믿음은 마치 그들이 입는 옷과 같다고 말한다.4 사람이 옷을 입는 데는 다양한 이유가 있다. (당연히 보온을 유지하기 위한 순전히 실용적인 목적이 있다.) 하지만 유행하는 제품이거나, 느낌이 좋거나, 단지 우연히 가지고 있기 때문에 그 옷을 선택하기도 한다. 우리가 믿음을 선택하는 것 역시 이와 마찬가지다. 하지만 나는 믿음에 대해서는 더욱 신중하게 생각해야 한다고 본다. 특히, 어떤 믿음이 기분을 좋게 한다는 이유만으로 그 믿음을 당연하게 수용하면 안 된다. 마찬가지로, 어떤 믿음이 불쾌하게 만든다는 이유만으로 그 믿음을 당연하게 거부하면 안 된다.

옷이 자아상self-image에 영향을 줄 수 있는 점과 꼭 마찬가지로 믿음도 그럴 수 있다. 무언가를 할 수 있는 능력을 믿는다는 행위 자체가 그 능력에 영향을 미쳐 자기-충족을 하는 것이다. 이런 말이 있다. "당신이 할 수 있다고 믿든 할 수 없다고 믿든 간에 아마도 당신이 맞을 것이다." 자기-신뢰self-confidence는, 심지어 처음에 정당화되지 않을 때조차, 성공을 위한 강력한 힘이 될 수 있다.

요약하면 우리는 예측하기 위해, 설명하기 위해, 창조하기 위해, 고취하기 위해, 오락을 위해, 좋은 기분을 위해, 신뢰를 지탱하기 위해 믿음을 사용한다. 믿음은 우리를 인간으로 만드는 데 중요한 한 부분이다. 하지만 우리는 어디서 이러한 믿음을 얻는가? 그 점이 바로 다음 장의 주제다.

우리는
예측하기 위해, 설명하기 위해,
창조하기 위해, 고취하기 위해,
오락을 위해, 좋은 기분을 위해,
신뢰를 지탱하기 위해
믿음을 사용한다.

3

믿음은 어디서 오는가

스스로에게 "나는 이 믿음을 어디서 얻었는가?" 또는 "나는 왜 이것을 믿는가?"라는 질문을 해본 적이 있는가? 때때로 우리는 그런 질문에 대답할 수 있다. "내 눈으로 직접 봤다", "학교에서 배웠다", "≪월스트리트 저널Wall Street Journal≫에서 읽었다", "텔레비전에서 봤다", "부모님이 말해줬다", "인터넷에서 발견했다"와 같이 말이다. 또한 가끔 우리는 확신하지 못해서 "나도 모르겠는데, 그냥 맞는 것 같아"라는 식으로 대답해야만 한다.

재미있게도 인류학자 데이비드 플렉David Fleck은, 페루와 브라질의 아마존 지역 언어는 "과거 사건에 대해 말할 때마다 정보의 원천을 정확하고 분명하게 제시하도록" 요구한다고 묘사한다.[1] 예를 들어, 그 언어에서는 간단히 "인디언이 아닌 누군가 지나갔다"라고만 말하고 그만둘 수 없다. 그 대신 "아버지 말에 따르면 인디언이 아닌 누군가 지나갔는데, 아버지는 할아버지에게 들었고, 할아버지는 투미에게 들었다"라는 식으로 말하도록 문법적으로 강제된다.

우리의 언어가 믿음의 원천에 대해 분명히 하도록 요구하지 않더라도, 믿음은 모두 원천을 가지고 있다. 우리는 믿음을 가지고 태어나지 않는다. 우리는 주요하게 두 가지 방법으로 믿음을 얻는다. 첫째, 우리의 감각, 특히 보기, 듣기, 말하기, 읽기를 통해서. 둘째, 우리가 이미 믿는 것에 대해 설명을 만들어내고 결과를 끌어냄으로써. 작은 어린아이일 때 우리는 사물의 존재를 추정하고 최초의 감각을 설명하기 위해 그것에 대한 믿음을 만들어낸다. 어른이 된 다음 우리는 듣고 읽는 것을 포함해 관찰한 모든 새로운 것을 설명하기 위해서 믿음 위에 믿음을 계속 쌓아나간다.

플라톤Plato이 어떻게 생각했든지 간에, 우리의 마음이 '영원한 진리eternal truths'에 직접 접근할 방법은 없다. 우리의 감각, 특히 시각, 청각, 촉각이 현실로 가는 유일한 문이다. 하지만 불가피하게도 감각 역시 우리를 호도할 수 있다. 시각은 몇몇 좋은 사례를 제공한다. "보는 것이 믿는 것이다." 하지만, 보는 것이 항상 신뢰할 만한 믿음을 만들어내는 것은 아니다. 이미 믿고 있는 것이 본다고 생각하는 것에 영향을 미칠 수 있기 때문에 오류가 발생할 수 있다. 종종 우리는 볼 것이라고 예상한 것을 '보고', 볼 것이라고 기대하지 않은 것은 보지 않는다. 유명한 1949년의 실험에서 심리학자 제롬 브루너Jerome Bruner와 레오 포스트먼Leo Postman은 실험 참가자들에게 속임수를 위해 만든 카드를 잠깐씩 볼 수 있게 했다.[2] 참가자들은 꽤 자주, 예를 들어, 검정색 하트3을 보고 정상적인 검정색 스페이드3이라고 말하거나(하트를 스페이드로 착각해서) 정상적인 빨간색 하트3이라고 말했다(검정색을 빨간색으로 착각해서). 즉, 정상적인 카드에 대한 예상이 정확한 인식을 방해한 것이다.

또 다른 사례가 있다. 법정 절차에서 범죄 현장에 대한 목격자의 진술은 자주 사용되는데, 목격자의 진술은 잘못된 지각과 왜곡된 기억의 영향을 받아 악명 높을 정도로 믿을 만하지 않다. 실제로 최근 뉴저지 대법원은 목격자가 제공한 증거를 평가하는 지침을 발행해 판사가 배심원에게 제공할 수 있도록 했다. 《뉴욕 타임스New York Times》 기사에 따르면,

판사는, 예컨대 스트레스 수준, 원거리 또는 좋지 않은 조명이 목격자가 정확히 식별할 수 있는 능력을 저하할 수 있다는 점을 숙의가 시작되기 전에 배심원에게 반드시 통지해야 한다.

범죄행위에서부터 목격자의 피의자 식별까지 걸린 경과 시간 또는 피의자 줄 세우기 과정에서 보인 경찰관의 행동과 같은 요소 역시 목격자에게 영향을 줄 수 있다고 새 지침은 경고한다.[3]

시각적 인식은 양쪽 눈이 각각 수집한 2차원 영상에서 3차원 정보를 추출하려고 시도한다. 이런 시도는 세계를 보는 우리의 모형 — 우리가 기대하는 정보를 제공하는 — 이 왜곡된 정보를 제공할 때만 달성될 수 있다. 보통 그 과정은 놀랍도록 잘 작동하지만, 기대가 만들어낸 잘 알려진 많은 착시 현상이 발생한다.

〈그림 3-1〉은 재미있는 착시 사례를 보여준다. 두 탁자는

<그림 3-1> 두 개의 탁자

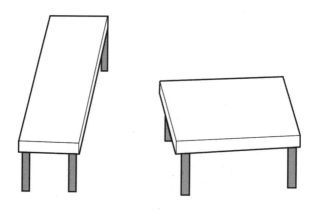

믿음 해체하기

정말 다른가? 두 탁자는 우리가 3차원적으로 이해하기 때문에 다른 것처럼 보인다. 그렇다면, 탁자 윗부분을 표현한 2차원적인 그림은 어떤가? 실제로 치수를 측정해보면 한 탁자는 다른 탁자를 돌려놓은 것임을 알게 된다. (이 착시 실험을 만든 심리학자 로저 셰퍼드Roger Shepard는 이를 "탁자-돌리기"라고 불렀다.) 그림을 3차원적인 장면을 표현하는 것으로 보는 우리의 성향은 그것을 2차원적으로 지각하려는 모든 시도를 압도한다. 즉, 강력한 기대는 지각의 오류를 만들어낼 수 있다.

사물이 항상 있는 그대로 보이는 것은 아니기 때문에, 심지어 믿을 만한 감각도 항상 현실을 타당하게 묘사하는 것은 아니다. 초기 인류가 생각했던 것처럼 지구는―언덕과 계곡같이 울퉁불퉁한 부위를 제외하면―평평하게 보인다. 그리고 태양이 하늘을 가로질러 움직이는 것처럼 보인다. 이런 경우, 그리고 많은 다른 경우 우리에게는 감각기관에 의해 직접 구축된 모형이 아니라 다른 모형이 필요하다. 비틀스Beatles의 노래는 우리 눈이 보여주는 것과 그것을 정신적인 영상으로 만드는 것과의 차이를 다음과 같이 묘사한다.

······ 언덕 위 바보가,

태양이 지는 걸 볼 때,

그의 머릿속 눈은,

요즘에는 우리가 지각하는 것의 많은 부분이 언어를 통해서 온다. 우리는 눈으로 모든 종류의 문자 — 책, 신문, 기사, 과학 논문, 웹 페이지 — 를 본다. 우리는 귀로 사람들이 말하는 것 — 부모, 친구, 교사, 판매원, 점원 등이 우리에게 직접 말하는 것 — 을 듣는다. 또한, 사람들이 라디오나 텔레비전에서 말하는 것도 듣는다. 영화, 텔레비전, 인터넷 같은 시청각 매체는 우리의 눈과 귀 모두로, 그리고 그 뒤의 뇌로 폭주한다.

보기, 듣기와 같은 통상적인 감각 경로가 아닌, 현실에 관한 정보를 얻는 다른 방법이 있다고 믿는 사람이 있다. '진실'을 인식하는 초감각적인 방법이 있다는 생각은 실제로 꽤 흔하다. 어느 시대에나, 영원한 진실을 밝히는 목소리를 들었다고 주장하는 신비주의자가 있다. 사람들이 "나는 마음으로부터 그것이 진실임을 안다"라는 식으로 주장하는 일은 드물지 않다. 어떤 믿음에 대해서는 마치 우리 내부의 '진실의 종'이 크게 울리는 것 같다. (그 종이 울리면, 종의 주인은 그 믿음이 반드시 진실이어야 한다는 격렬한 느낌을 경험한다.) 피해망상증 같은 정신병을 가진 사람에게는 현실과 철저하게 단절된 믿음, 예컨대 누군가 '나를 죽이려 한다'는 믿음과 관련된 진실의 종이 울린다.

심지어 일부 과학자도 이런저런 것의 진실에 대해 내적인 느낌을 가지고 있다고 주장한다. 물리학자인 로저 펜로즈Roger Penrose는, 어떤 사람은 수학적인 진실을 곧바로 인지하는 타고난 능력을 가졌다고 생각한다. 그는 원주율(π) 같은 수학적인 양, 또는 0, 1과 같은 숫자는 세상 밖에 존재하며 인지할 능력을 갖춘 사람에게 인지되려고 거기에 있다고 믿는다. 많은 수학자가 특정한 명제들은 그냥 진실임이 틀림없다는 강한 느낌을 가지고 있다고 말한다. 심지어 어떤 이론들에 대해서 "진실이 아니라고 하기에는 너무 아름답다"라고 말하는 물리학자도 있다. 어쩌면 훌륭한 수학자나 물리학자가 되기 위해서 아이디어ideas의 영향은, 마치 그런 아이디어가 발견되기를 기다리며 저기 실제로 존재하고 있는 것처럼, 강력해야 함이 틀림없는 것 같다. 그렇지만 나는 '마음으로부터 진실이라고 안다'는 믿음은 초감각적인 수단을 통해 우리에게 오기보다 실제로 이미 존재하고 있는 아이디어 가운데 일부가 창조적이고 추론적인 과정과 결합해 구성된 정신적인 구축물이라고 생각한다.

우리의 믿음은 모두 정신적인 구축물이다. 어떤 믿음은 다른 믿음의 결과consequences이며, 어떤 믿음은 존재하는 믿음과 경험을 분명하게 하기 위해 만들어진 설명explanations이다. 이런 형태를 각각 차례대로 검토해보자.

첫째로, 결과. 많은 믿음은 — 논리적인 추론으로 구축된 — 다른 믿음을 수반한다. 법정 변호사는 이런 형식의 추론을 자주 사용한다. 예를 들어, 피고인이 샘 브라운이라고 하자. 범죄 발생 당시 샘 브라운은 범죄 현장에 없었다고 하고, 이런 종류의 범죄에서 범인은 반드시 범죄 현장에 있어야만 한다고 설득될 수 있다면, 배심원은 샘 브라운이 무죄라고 결론을 내릴 수 있다. (또는 피고인의 변호사는 그렇게 희망한다). 물론 우리가 언제나 우리의 믿음을 통해서만 결과를 끌어내는 것은 아니다. 절대로 모든 결과를 끌어내지는 않는다. 믿음에 관한 논쟁은 종종 우리에게 자신의 믿음이 무엇을 수반하는지 알게 만드는 것을 포함한다. 이른바 소크라테스의 방법Socratic method은 이런 식으로, 어떤 의미에서는 이미 존재하는 믿음을 파악해낸다.

그렇지만, 연역법logical deductions은 결코 우리가 이미 가진 믿음과 무관한 정말 새로운 믿음을 줄 수 없으며, 이 점을 깨닫는 것은 중요하다. 기하학은 재미있는 사례를 보여준다. 초기 기하학자와 철학자는 순전히 생각만으로 세상에 관한 기하학적인 사실을 입증할 수 있다고 믿었다. 하지만 모든 그런 생각이 해낸 것은 유클리드 기하학의 공리가 내포한 결과를 끌어낸 것뿐이었다. 현대물리학이 유클리드 공리보다 더욱 정확하게 우주를 묘사하기 위해 필요로 했던 것은 논리학이 아니라 천문학적 관측이었다.

다른 형태의 믿음, 말하자면 **설명**은 어떤가? 우리는 무언가를 왜 믿는지에 대해 가능한 답변으로서 설명을 만들어낸다. 왜 나는 톰이 내가 빌려준 돈을 갚을 것이라고 믿는가? 왜냐하면 나는 톰이 신뢰할 만하다고 믿기 때문이다. 우리는 "설명된 믿음은 어떤 믿음을 따르는가?"처럼 대개 질문하는 과정을 통해 설명을 만든다. (즉, '뒤집어 보기in reverse' 같은 논리를 사용해 설명을 만들려 한다.) 반면, 논리의 본질로 볼 때 일련의 믿음에서 얻은 논리적인 결론은 그 결론이 근거한 믿음보다 더 적지도 더 많지도 않게 가정적인 성질을 가질 수밖에 없다. 설명은 항상 가정이며, 채택되기 전에 엄격하게 검증되어야만 한다.

설명을 만들어내는 한 방법은 특정한 경험을 일반화하는 것이다. 예를 들어 어떤 극성스러운 애완견에게 살짝 물린 아이는 틀림없이 물렸다고 믿을 것이고, 아마도 '모든 개는 문다'는 설명적인 믿음을 만들어낼지도 모른다. 이런 새로운 믿음은 왜 그 아이가 물렸는지 설명해준다. 하지만, 이것은 당연히 아주 좋은 설명은 아니다.

어떤 설명은, '전구 스위치를 켠 것이 전구가 켜진 원인이다'처럼 무엇이 무엇의 원인인지에 관한 믿음을 포함한다. 왜 전구가 켜졌는가? 누군가 틀림없이 전구 스위치를 켰을 것이다. 통상적인 믿음은 흔히 사건 발생 시간의 근접성을 목격함으로

우리의 믿음은
모두 정신적인 구축물이다.
어떤 믿음은 다른 믿음의 결과이며,
어떤 믿음은 존재하는 믿음과
경험을 분명하게 하기 위해
만들어진 설명이다.

써 형성된다. 예를 들어, 우연히 사건 A가 일어난 후 사건 B가 일어난 것을 관찰하게 되면 우리는 '사건 A가 사건 B의 원인이다'는 믿음을 받아들이기 쉽다. 심지어 아주 어릴 때부터 우리는 이런 종류의 관찰을 통해 물리적인 세계에 대한 믿음을 형성한다. 날달걀을 단단한 바닥에 떨어뜨리면 깨지게 된다. 이런 일은 항상 일어나는가? 만약 그렇다면 우리는 달걀에 대한 새로운 믿음을 가지게 된다.5 아마도, 진화를 거치면서 시간적으로 연속적인 사건에 대한 특별한 민감성은 우리 안에서 프로그램화되었을 것이다. 사건의 흐름은 우리가 그것을 어떻게 예측할 수 있고 그것에 어떻게 영향을 줄 수 있는지와 관련된 믿음을 발전시키는 데 도움을 준다.

물론 시간의 근접성이, 항상 첫 번째 사건이 두 번째 사건의 원인임을 의미하는 것은 아니다. 두 사건 모두의 원인은 더 일찍 발생한 세 번째 사건일 수도 있다. 또는 두 사건의 근접성은 단지 우연일 수도 있다. 그런 우연은 많은 미신의 원천이다. 예를 들어, 투수가 스트라이크아웃을 꽤 연속해서 잡는 동안 자신이 모자를 특정한 방식으로 쓰고 있었다는 점을 관찰하게 되면, 그는 아마도 그 점을 성공의 원인이라고 생각해 심지어 투구가 계속 좋지 않을 경우에도 그런 방식의 모자 쓰기를 고집할지 모른다. 미신은 놀라울 정도로 강력하다.

뇌가 실제로 설명을 만들어내기 위해 작동하는 구체적인 과정은 신경심리학과 신경과학의 주제다. 진전이 이루어지고는 있지만, 아직까지 우리는 그 과정에 대해서 정말로 매우 많은 것을 알지 못한다. 그렇지만 우리는 손에 쥐고 있는 재료 — 어떤 믿음이든 개념이든 간에 우연히 주변에 있는 — 를 통해서만 설명이 만들어질 수 있다는 점을 안다. 설명은 대상, 대상의 속성, 우리의 모형에 이미 존재하는 대상 사이에 형성된 관계의 이용을 포함한다. 토르Thor가 벼락을 던진 것이 천둥과 번개에 대한 옛날 설명이었다. 오늘날 우리는 천둥과 번개에 대해서 정전기의 방출과 그것이 발생시킨 음파라고 설명한다. 토르, 벼락, 정전기, 음파는 모두 우리가 발명한 정신적인 대상이다. 원시인이 이용 가능했던 재료는 꽤 제한적이었지만, 어쨌든 설명 — 오늘날 우리가 그 가운데 많은 것을 신화와 가공의 이야기로 보는 — 을 만들어냈다. 미래에는 오늘날 우리가 설명을 위해 사용하는 재료가 상당히 제한적이었다고 생각할 것이다.

사람은 자신의 세상을 묘사하는 모형을 구축하고 재구축하기 위한 긴밀한 필요와 능력을 가지고 있다. 우리는 이론을 만들어내는 데 엄청나게 창조적이다. 점성술, 초능력, 수호천사, 죽은 자와 소통, 영기靈氣, 환생, 잃어버린 대륙 아틀란티스, 외계인의 납치, 인체 내부 '에너지' 흐름과 같은 발상은, 21세기의 과학적인 마음으로는 아주 믿기 어렵지만 꽤 상상력이 풍부하다. 양자역학, 진화, 빅뱅과 우주 '팽창', 일반 상대성, 단

우리는 손에 쥐고 있는 재료
― 어떤 믿음이든 개념이든
간에 우연히 주변에 있는 ― 를
통해서만 설명이 만들어질 수
있다는 점을 안다.

백질 중첩과 같이 똑같이 상상력 풍부하고 아마 더욱 믿을 만한 것이 현대물리학과 생물학 이론이다. 이들은 모두 설명을 창출하려고 노력하는 비옥한 뇌가 생산한 열매들이다. 중요한 점은 듣거나 스스로 만드는 설명을 우리가 믿어야 하는지 또는 믿지 말아야 하는지에 관한 것이다. 다음 장에서 이 주제를 다룬다.

4

믿음 평가하기

우리는 어떤 믿음을 다른 믿음보다 더 강하게 가진다. 이런 저런 것을 믿는지 물어보면 우리는 "절대적으로 믿는다, 사실 이다" 또는 "상당히 그런 것 같다" 또는 "가능하다" 또는 "의심스럽다" 또는 "모른다" 또는 "전혀 믿지 않는다"와 같이 대답할 것이다. 이는 믿음의 정도를 표현하는 몇 가지 방법이다. 뇌가 실제로 믿음의 강도를 어떻게 대변하는지는 아무도 모른다. 아마 우리는 "나는 비타민C가 감기를 치유할 수 있는지 의심스러워"처럼 문장으로 그 강도의 일부를 저장할 것이다. 우리의 뇌는 믿음의 강도를 나타내기 위해 숫자 같은 무언가를 연관시킬지도 모른다. 하지만 뇌에서 어떤 일이 일어나는지 상관없이 우리는 어떤 믿음이 얼마나 신뢰할 만한지 말할 수 있다. 그리고 (일정한 노력을 통해) 어떤 믿음을 지지하거나 배제하는 증거를 고려함으로써 그 믿음에 대한 신뢰성을 바꿀 수도 있다.

서문('들어가며')에서 언급한 바와 같이 무언가를 아주, 아주 강력하게 믿을 때 우리는 보통 그것을 '알고', 일반적으로 그것을 '사실'이라고 말한다. 예컨대 '현재 나는 오리건 주에서 산다'라는 내 믿음을 나는 사실이라고 부르며, 안다고 말한다. '조지 워싱턴은 미국의 초대 대통령이다'라는 내 믿음 또한 사실이다. 그렇지만 단지 누군가 무언가를 안다고 주장한다는 것이 내가 반드시 그에게 동의해야 한다는 점을 의미하지는 않는다. 게다가 어느 날 새로운 증거를 접할 경우 심지어 그의 믿음이 변할지도 모른다. 작가인 샘 아베스먼Sam Arbesman은 '사실'이라는 이름표를 붙인 많은 믿음을 "절반의 삶"이라고 부르는데, 그 삶이 끝나면 그것은 더 이상 사실이 아니게 된다.[1] 예를 들어, 의사들은 한때 늪과 습지의 '오염된 공기'가 말라리아를 유발하는 것이 사실이라고 생각했지만, 감염된 모기에 의해 퍼뜨려진 미생물이 더욱 좋은 설명이기 때문에 더 이상 그렇게 믿지 않는다.

어떤 믿음에 대해서는 안다고 하고 다른 믿음에 대해서는 단지 그럴 것 같다고 어떻게 결정하는가? 사람들이 믿음의 강도를 결정하는 몇 가지 방법이 있는데, 믿음을 평가하는 모든 방법은 이율배반에 직면한다. 만약 믿음을 수용하는 기준이 너무 엄격하면 일부 유용한 믿음을 배제하기 쉽다. 유용한 믿음을 잃는 것은 극단적인 의심의 대가다. 반면, 유용한 믿음을 절대로 배제하지 않으려고 하면 의문스럽거나 심지어 쓸모없거나 해로운 믿음 또한 많이 받아들이기 쉽다. 잘못된 믿음을 받아들이는 것은 극단적인 맹신의 대가다.

어떤 사람은 아주 쉽게 믿어서 거의 모든 것을 믿으려 하며, 특히 매혹적이게 들리거나 단지 기분을 좋게 만든다는 이유로 믿으려 한다. 어떤 사람은 아주 의심이 많아서 "보여줘, 나 미주리 출신이야" 같은 태도를 보인다. 과학자는 보통 이 스펙

트럼에서 의심의 극단을 지향한다. 맹신적이든 회의적이든 간에 어떤 사람은 '옳다는 느낌'을 기준으로 믿음을 판단한다. 옳다고 느끼는 지각은 뇌의 특정한 작용에 의해 유발되는 것 같은데, 그런데도 아마 무의식적으로는 강하게 가지고 있는 많은 관련된 믿음을 참작하고 있는지도 모른다. 이런 작용이 '직관intuition'이라고 부르는 토대인 것 같다. 하지만 유용한 믿음을 잃거나 잘못된 믿음을 받아들이는 것 모두 삶을 바꿀 만한 결과를 가져올 수 있기 때문에, 더욱 절제력 있고 비판적인 생각—대니얼 카너먼이 말한 느린 생각—으로 우리의 직관을 보완해야 한다.

어릴 때 우리는 보통 부모님과 선생님이 말하는 것을 꽤 강하게 믿는다. 어쨌든 부모님이 물려준 믿음은 당연히 생존 가치를 지닌 것이었다. 하지만 다른 모든 사람과 마찬가지로 부모님은 많은 엉터리를 믿었을 것이다. 어린아이였을 때 우리는 아직 더 넓은 범위의 선택적 믿음에 노출되지 않았다. 부모님과 연장자의 몇몇 믿음을 버릴 수 있기 위해서는 비판적인 생각과 함께 그런 노출이 필요하다. 그렇게 하는 것은 흔히 의지를 가진 행동을 요구한다.

비판적인 생각의 요소는 무엇인가? 어떤 명제—아마 읽었거나 들은—를 하나의 가능한 믿음으로 고려하고 있다고 가정해 보자. 어떻게 그것을 평가할 것인가? 설명을 위해, 예를 들어,

유용한 믿음을 잃거나 잘못된 믿음을
받아들이는 것 모두 삶을 바꿀 만한
결과를 가져올 수 있기 때문에,
더욱 절제력 있고 비판적인 생각으로
우리의 직관을 보완해야 한다.

지구는 더워지고 있다는 명제를 고려해보자. 지구온난화는 우리 미래에 커다란 영향을 끼칠 것이기 때문에, 그 가능성에 대해서 비판적으로 생각하는 것은 중요하다.

비판적인 생각의 첫 번째 단계는 전문가의 의견을 구하는 것이다. 지구는 더워지고 있다고 믿는 전문가가 있으며, 그들은, 우리가 그들의 판단을 믿을 만큼, 관련된 주제에 대해 잘 아는가? 실제로 그런 전문가들이 있다. 그 가운데 많은 전문가가 기후변화를 평가하는 데 주도적인 역할을 하는 국제기관인 기후변화국제협의체IPCC 소속이다. 기후변화국제협의체 웹사이트를 인용하면 "기후변화국제협의체는 기후변화와 그에 따른 환경, 사회경제적인 영향에 관련된 최신 지식에 대해 분명한 과학적 견해를 제공하기 위해 유엔환경계획UNEP과 세계기상기구WMO에 의해 설립되었다".[2] 기후변화국제협의체의 주요 활동 가운데 하나는 "기후변화, 원인, 영향과 대응 전략에 관련된 과학적·기술적·사회경제적인 지식을 종합 평가하는 보고서를 준비하는 것"이다. 주요 연구 성과는 네 편의 두꺼운 보고서로 발간되었는데,[3] 2007년에 발간된 최근의 보고서는 상황을 다음과 같이 요약한다.[4]

지구 평균기온과 해수 온도의 상승, 눈과 얼음이 광범위하게 녹는 현상, 평균 해수면의 상승에 대한 관찰을 통해 분명해지듯이 기후 체계의 온난화는 혼동의 여지가 없는 일이다.

게다가, 미국항공우주국NASA의 기후 전문가가 준비한 보고서는 다음과 같이 결론을 내린다. "주요 세 지역의 지표 온도를 복원해보면 지구는 1880년부터 더워지고 있었다는 것을 알 수 있다. 온난화는 대부분 1970년대부터 발생했는데, 1981년도부터 지금까지 가장 심한 온난화가 20년이나 발생했고, 그 가운데 최근 12년 동안 10년이나 가장 심한 온난화가 발생했다. …… 이렇게 증가된 열의 많은 부분을 바다가 흡수했는데, 1969년부터 해수면 상층부 700미터는 화씨 0.302도만큼 상승했다."[5]

심지어 원래는 회의적이었으나 지금은 지구온난화에 대해 확신하는 일부 전문가도 있다. 이를테면, 캘리포니아 대학University of California, Berkeley의 물리학자이자 기후과학자인 리처드 A. 멀러Richard A. Muller는 최근에 다음과 같이 썼다.[6]

3년 전 기후 연구에서 나는 지구온난화 존재 자체를 의심할 만한 문제점을 발견했다. 그리고 나는 작년에 10여 명의 과학자와 함께한 집중적인 연구를 통해 지구온난화는 실제였고 온난화 정도에 관한 이전의 평가가 옳다는 결론을 얻었다. 이제 한 발 더 나아가려 한다. 인류가 거의 전적으로 지구온난화의 원인이다.

이 정도면 나에게는 충분하다. 나는 철학자 버트런드 러셀 Bertrand Russel이 쓴 다음 말에 동의한다. "전문가 전원이 동의한다면, 전문가의 의견은 다른 반대 의견보다 훨씬 더 옳을 것이라고 비전문가는 받아들여야 한다."[7] 그렇지만 전문가의 의견을 표본으로 할 때 심지어 전문가 상호 간에도 동의하지 않을 수 있다는 점에 주의를 기울여야 한다. 따라서 전문가 전원이 동의하는 경우에만 의견을 받아들이라고 러셀은 충고한다. 심지어, 그런 경우에도 전문가들이 틀릴 수도 있고 새로운 정보에 따라 그들의 마음이 바뀔 수도 있다.

비판적인 생각의 두 번째 단계는 믿음에 대한 설명과 결과를 고려하는 것이다. 지구온난화에 관한 의견을 제시할 때 기후변화국제협의체는 관련된 설명과 결과를 아주 상세하게 분석했다. 먼저 지구온난화의 결과를 고려해보자. 어떤 믿음(또는 일련의 믿음)의 결과는 그 믿음을 따르는 명제들임을 상기해보자. 믿음의 결과가 신뢰할 만하다면 그 믿음은 신뢰성을 제공하고 있는 것이다. (그 결과에 대해 설명하는 다른 신뢰할 만한 설명이 없다면.) 기후변화국제협의체의 보고서는 "눈과 얼음이 광범위하게 녹는 현상, 평균 해수면의 상승"을 포함해 지구온난화의 많은 결과를 언급한다. 이런 결과는 어떤가? 그 결과는 발생하고 있는가? 앞에서 인용한 미국우주항공국의 보고서는 다음 세 가지로 요약한다.[8]

1. 미국우주항공국의 중력 복구와 기후 실험Gravity Recovery and Climate Experiment 자료에 따르면, 그린란드에서는 2002년부터 2006년까지 매년 150~250세제곱 킬로미터의 얼음이 사라졌고, 남극대륙에서는 2002년부터 2005년까지 약 152세제곱 킬로미터의 얼음이 사라졌다. …… 빙하는 지구의 거의 모든 지역에서 — 알프스, 히말라야, 안데스, 로키, 알래스카와 아프리카를 포함해 — 녹아내리고 있다.

2. 최근 수십 년 동안 북극해 얼음의 범위와 두께가 급속하게 축소되고 있다.

3. 지난 세기에 지구 해수면은 17센티미터 상승했다. 최근 10년간의 상승률은 지난 세기 상승률의 두 배에 이른다.

이러한 결과가 모두 확인되었다는 사실은, 지구온난화가 정말로 일어나고 있다는 결론을 강화했다.

이제 지구온난화에 대해 신뢰할 수 있는 설명이 있는지에 관한 문제로 관심을 돌려보자. 어떤 믿음에 대한 신뢰할 수 있는 설명은 그 믿음 자체를 더욱 확실하게 만든다. 여기 지구온난화에 대해 가능한 설명 두 가지가 있다.

1. 태양의 복사열 증가

2. 대기에 의한 지구의 열 보유 증가

둘 중 어떤 설명을 믿을 수 있는가? 전문가들에 따르면, 태양 빛은 다양한 순환 주기를 거치지만, 관측된 온도 증가를 발생시키기에는 그 규모가 너무 작다. 그래서 우리는 이 설명을 배제할 수 있다.

대기에 의한 지구의 열 보유 증가가 원인이라는 설명은 어떤가? 열 보유는 그 자체로, 말하자면 이산화탄소 농도의 증가, 즉 '온실가스 효과greenhouse gas'라는 설명을 가지고 있다. 과학자들은 이산화탄소가 몇몇 다른 기체와 함께 ― 유리가 온실 안에 열을 가두는 것과 상당히 유사하게 ― 태양열이 대기를 통과하게 하지만 우주 공간으로 다시 방출되는 것을 막는다는 점을 규명했다. 만약 이산화탄소의 수준이 정말로 증가하고 있다면 대기가 열을 보유하고 있다는 설명에 도움을 (따라서 확인에 도움을) 줄 것이고, 나아가 지구온난화를 설명하는 데도 도움을 (따라서 확인에 도움을) 줄 것이다. 실제로, 대기의 이산화탄소는 지난 150여 년 동안 증가했고, 지구 평균기온의 증가와 대체로 밀접한 상관관계를 가진다.

지구온난화 사례의 이 모든 명제는 믿음 네트워크A network of beliefs로 구축될 수 있다. 이 네트워크는 〈그림 4-1〉에서 볼 수 있다. 네트워크의 믿음 각각은 아래에 있는 믿음의 결과이거나 위에 있는 믿음의 설명일 수 있다. 각 믿음의 신뢰성이 네트워크 안에 있는 다른 모든 믿음의 신뢰성에 영향을 미친다.

<그림 4-1> 믿음 네트워크

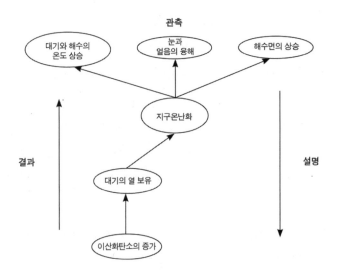

이에 따라 믿음에 대한 신뢰할 만한 설명과 결과는 믿음의 강도에 '점수'를 더한다.

흥미롭게도, 지구온난화에 대한 우리의 네트워크는 양방향으로 확장될 수 있다. 예를 들어, 기온 상승이 초래할 것으로 예상되는 하나의 결과는 더 이른 봄에 발생하는 온대 지방 낙엽수의 발아다. 실제로, 이 현상은 관찰되었다. 이산화탄소 수준의 증가에 대한 설명 하나는 산업혁명 이후 발생한 화석연료 연소의 증가다. 공장, 자동차, 냉난방장치, 전력 발전 시설은 대기 가운데 이산화탄소 농도가 증가한 것을 설명하기에 충분할 만큼 이산화탄소를 방출한다. 이 설명이 기후변화국제협의체가 "20세기 중반 이후 관측된 지구 평균기온 상승의 대부분은 인류가 만들어낸 온실가스 농도의 증가 때문일 가능성이 대단히 크다"라고 결론짓게 만들었다.

지구온난화에 반대하는 사람은 지구온난화를 지지하는 여러 증거의 신뢰성을 약화하려고 시도한다. 예를 들어, 어떤 사람은 대기와 해수의 온도에 대한 해석과 재현은 결점이 있다고 주장한다. 그리고 어떤 사람은 지구온난화를 인간이 만들어냈다는 점에 반대하면서, 관측된 이산화탄소 농도 증가는 화석연료의 연소가 아니라 화산 폭발이 원인이라고 주장한다. 어떤 믿음에 대한 신뢰할 만한 대체 설명을 제공하는 것은 경합하는 다른 설명을 약화할 수 있다. 이러한 논쟁 전략을

'설명을 통한 배제explaining away'라고 부른다. 이 전략은 믿음에 대한 주고받기 식의 토론에서 꽤 자주 사용된다. 하지만 '화산 폭발'은 이산화탄소 농도 증가에 대한 설명에서 '화석연료 연소'를 배제하는 데 실패했다. 과학자들은 "인간이 만든 이산화탄소 배출 비율이 화산 폭발이 만든 이산화탄소 배출 비율보다 백배 이상 크다"[9]라는 점을 규명했다.

비판적인 생각의 모든 요소 ─ 결과 검증하기, 설명 만들기, 설명을 통해 배제하기 ─ 는 사람이, 심지어 어린아이도 항상 자연스럽게 사용하는 정신적인 활동이다. 예를 들어, 처음에 모든 개는 문다는 믿음을 가졌던 어린이는, (만약 그 여자아이가 모험심이 강하다면) 다른 개를 어루만지고 예상과 달리 물리지 않은 뒤에는 그 믿음을 버리게 될 것이다. 원래 산타클로스를 믿었던 어린이는 부모님이 크리스마스 선물을 주셨다는 것을 알게 되면 그 믿음을 배제할 것이다. 하지만 숙련된 방법으로 이러한 절차를 실행하는 일은 대부분 사람이 보통 행하는 것보다 훨씬 계획적인 노력이 필요하다. 여기에는 대니얼 카너먼이 말한 느린 생각이 필요하다.

그렇지만 전문가는 보통 이런 방식의 추론을 사용하는 데 꽤 엄격하다. 예를 들어, 내과 의사는 환자에게 나타난 증상의 원인을 진단하려고 시도할 때 그런 증상을 설명하는 알려진 병을 찾아본다. 나타난 증상이 열과 두통이라면 환자가 독감에 걸렸다고 가정한다. 만약 독감일 경우 추가적인 공통 증상은 근육통과 오한일 것이다. 환자에게서 이러한 증상을 찾아낸 것은 독감이라는 진단을 강화할 것이다. 하지만 이와 똑같은 증상이 일부 폐렴 종류를 가리키는 것일 수도 있다. 그렇다면 내과 의사는 청진기로 가슴을 진단하고, 아마도 가슴 방사선검사를 지시해 폐렴 증상을 점검하려 할 것이다. 그리고 어떤 폐렴 증상도 발견하지 못하면 그 내과 의사는 폐렴을 제외할 것이다.

과학자도 이론을 평가하기 위해서 과학 특유의 엄격한 방법으로, 바로 이러한 절차를 사용한다. 어떤 이론의 예측된 결과가 확인되는지 점검하는 것은 모든 과학에서 중요한 부분이다. 여러 독립적인 실험 또는 관측에 따라 어떤 이론의 예측 확인이 결합되어 그 이론의 신뢰성을 증가시킨다. 그리고 어떤 이론에 의해 예측된 결과를 확인하기 위한 반복된 실험에서 실패하는 것은 그 이론 자체를 뒤집거나 최소한 그 이론에 대한 믿음을 약화할 것이다. '설명을 통한 배제' 전략은 과학자가 어떤 이론을 위해 다른 이론을 배제할 때 흔히 사용한다. 예를 들어, 진화론은 그 자체로 수많은 독립적인 증거에 의해 설득력 있게 지지받으면서, (우리를 포함한) 지구 상 모든 생명 형태의 놀라운 복잡성을 설명하기에도 완전히 적합하다. 이렇게 설명을 통해 진화론은 '지적 설계intelligent design' 같은 창조

많은 것에 대해서
우리의 마음은 이미 정해져 있다.
하지만 새로운 경험, 새로운 정보,
상반된 믿음을 가진 지적인 사람과의
토론을 통한 이의 제기를 절대로
하지 않으면, 그 믿음은 정해진 채로
단지 유지될 수 있을 뿐이다.

신화를 배제한다. 이런 추론 전략은 '과학적 방법'이라고 불리는 것의 중요한 측면인데, 이는 7장에서 더욱 상세하게 기술할 것이다.

모든 믿음의 상호 관계를 주의 깊게 조사해보는 것은 실제로는 불가능한 일이지만, 이에 대해 생각해보는 것은 재미있다. 우리는, 어떤 믿음은 다른 믿음을 더욱 신뢰하게 만들지만 어떤 믿음은 다른 믿음을 덜 신뢰하게 만든다는 점을 알게 된다. 심지어 믿음은 서로 모순된 영향을 지닌 채 경쟁하기도 한다. 우리는 이 믿음 모두가 커다란 믿음 네트워크에서 각자의 힘에 대해 최종적으로 동의할 때까지 '끝까지 싸우는' 것을 상상할 수 있다. 그리고 마침내 동의하게 되면, 우리는 그 믿음이 일관성 있다고 말한다. 무수히 많은 관련된 믿음을 포함한 네트워크에서 일관성을 검증하는 것은 불가능할 것이다. 비판적으로 생각할 때, 우리가 희망할 수 있는 모든 것은 상대적으로 작고 국한된 일련의 믿음이 국지적으로는 일관성을 가진다는 점을 확실히 하는 일이다. 우리의 믿음에 대해 의논하고 다른 사람들의 믿음과 비교함으로써 지역적인 경계는 점차 확대되어 더욱 세계적인 검증을 허용하게 될 것이다. 그것이 우리의 믿음에 대해 의논하고 비판하는 행위를 통해 얻는 주요한 이익이다. 칼 포퍼는 다음과 같이 썼다.

세상에 대해 알고자 하는 시도 가운데 단지 하나의 합리적인 요소가 있다. 그것은 우리 이론에 대한 비판적인 검증이다. 이론 그 자체는 추측이다. 우리는 알지 못하며, 단지 추측을 할 뿐이다. "어떻게 아느냐"라고 나에게 물어본다면 내 대답은 "나는 모른다. 단지 추측을 제시할 뿐이다. 만약 당신이 내 문제에 관심이 있어서 내 추측을 비판해준다면 더할 나위 없이 기쁠 것이다. 그리고 당신이 대안을 제시한다면 내가 반대로 그 대안을 비판하겠다".[10]

많은 것에 대해서 우리의 마음은 이미 정해져 있다. 하지만 새로운 경험, 새로운 정보, 상반된 믿음을 가진 지적인 사람과의 토론을 통한 이의 제기를 절대로 하지 않으면, 그 믿음은 정해진 채로 단지 유지될 수 있을 뿐이다. 이의 제기는, 이 장에서 기술한 비판적인 생각의 요소를 사용하는 경우를 말한다. 요약하면, 비판적인 생각은 전문가 의견 구하기, 믿음에 대한 설명과 결과 고려하기, 더욱 신뢰성 있는 대체 설명을 통해 배제할 수 있는 의심스러운 설명 제거하기다. 우리의 마음을 바꾸는 것은, 어렵지만 현실에 대해 훨씬 유용한 설명을 갖기를 원한다면 필요한 일이다.

5

믿음의 확률

많은 믿음은 양극단인 '절대로 그렇다'와 '절대로 아니다' 사이 어딘가에 위치한다. 그 위치는 내가 '강도'라고 말한 것으로 표현된다. 이런 강도를 표현하기 위해 "거의 확실히 아니다", "아닌 것 같다", "가능하다", "약간 그런 것 같다", "그런 것 같다", "매우 그런 것 같다", "사실상 확실하다"와 같은 구절을 사용할 수 있다. 또는 0('절대로 아니다'를 표현)과 1('절대로 그렇다'를 표현) 사이의 숫자를 사용할 수도 있다. 강도에 관한 구절을 숫자로 전환하는 것은 상대적으로 쉽다. 예를 들어 '사실상 확실하다'를 0.99로 '그런 것 같다'를 0.7로 전환할 수 있다.

강도를 표현하기 위해 숫자를 사용하는 것은 통계학자 등이 불확실성을 다룰 때 사용하는 확률 숫자를 상기시킨다. 건강 과학자는 다양한 진단과 처방 효과의 가능성을 평가할 때 확률을 사용한다. 보험업자는 보험료율을 정하기 위해 손실과 다른 사건의 가능성을 고려하는 확률을 사용한다. 그리고 당연히, 우리는 모두 날씨 예보원이 내일 비가 올 확률은 70퍼센트라고 말하는 것에 익숙하다. 대부분의 통계학자는 확률 이론이 불확실성을 수학적으로 엄밀히 다루는 유일한 방법이라고 주장한다. 그들의 조언을 받아들여 믿음의 강도를 표현하기 위해 확률을 사용해보자. 확률 이론은 증거에 기초한 믿음의 강도를 경신하는 데 특히 유용하다. 이 장에서는 확률에 대해 몇 가지 기본적인 사실을 요약하고, 확률이 어떻게 믿음의 강도를 경신하는 데 사용될 수 있는지에 대해 제시한다.

확률 값은 항상 숫자 0과 1 사이에 있다. (때때로 백분율을 사용해 0과 100 사이에서 표현되기도 한다.) 어떤 명제가 참이라고 완전히 확신한다면 그 명제에 확률 값 1을 부여할 것이다. 어떤 명제가 거짓이라고 완전히 확신한다면 그 명제에 확률 값 0을 부여할 것이다. 어떤 명제에 대해 확신하지 못하면 그 확률 값은 0과 1 사이가 될 것이다.

어떤 명제의 확률 값은 관련된 명제에 의해 제한된다. 예를 들어, 내가 『베니스의 상인The Merchant of Venice』을 실제로 썼을 가능성이 있는 사람은 오직 셰익스피어, 존슨, 말로우 세 사람 가운데 한 명이라고 믿는다고 가정해보자. 더 나아가 한 사람, 그들 가운데 오직 한 사람만이 그것을 쓴 것이 틀림없다고 믿는다고 가정해보자. 이러한 세 가지 경우를 '중복과 누락이 없다mutually exclusive and exhaustive'라고 말한다. 중복과 누락이 없는 명제들이 가지는 확률 값의 합은 반드시 1이다. 따라서 만약에 내가 셰익스피어가 『베니스의 상인』을 썼다고 확신한다면, 나는 또한 존슨도 말로우도 그 책을 쓰지 않았다고 확신한다. 물론, 내가 확신할 수 없어서 그 책을 셰익스피어가 썼을 확률은 0.85, 존슨이 썼을 확률은 0.05, 말로우가 썼을 확률은 0.1이라고 믿을 수도 있다.

때때로 확률은 '승산odds'으로 표현되기도 한다. 어떤 믿음에 대한 승산이 4 대 1이라면 그 믿음의 확률은 0.8, 즉 80퍼센트이며 그 믿음의 반대는 0.2, 즉 20퍼센트다. 승산은 80을 20으로 나누어 얻어진다. 축구 같은 운동 경기에서 승산은 종종 팀의 지난 성적, 날씨, 선수의 부상 같은 다른 관련 가능한 요소를 검토한 전문가에 의해 평가된다. 이런 모든 정보는 결합되어 승산에 관한 전문가의 판단에 활용된다.

우리는 어떤 믿음의 승산 또는 확률을 인용해 그 믿음에 내기를 걸 준비를 갖춘다. 이런 방식으로 살펴보면 믿음은, 승리할 것이라는 미래 관측에 대한 내기다. 즉, 믿음은 미래에 관한 내기다.[1] 어떤 회사의 주식을 매입할 때 우리는 그 주식의 주가가 오를 것이라고 믿고, 그러한 믿음에 내기를 거는 것이다. 보험회사가 당신 집에서 발생할 수 있는 화재에 따른 손실에 대비해 보험료를 받는 것은 그 집이 불타지 않을 것이라고 믿고, 그 믿음에 내기를 거는 것이다. 우리가 비행기로 여행할 때 우리는 그 비행기가 추락하지 않을 것이라고 믿는다. (우리의 목숨을 내기에 건다.)

믿음에 확률을 부여하는 주요한 두 가지 방법이 있다. 가장 분명한 방법은 수많은 사례가 있는 통계를 수집하는 것과 관련된다. 예를 들어, 지난 100년 동안 패서디나Pasadena에서 새해 첫날에 비가 내린 경우는 네 번이었다고 가정해보자. 그렇다면 새해 첫날에 패서디나에 비가 내릴 확률은 약 100분의 4,

즉 0.04라고 추측할 수 있다. 사건에 대해 확률을 부여하는 이런 형태를 '빈도법frequency method'이라고 부른다. 이 방법은 보통 수많은 자료를 수집하는 것이 가능한 많은 상황에서 사용된다. 이를테면 2006년 미연방교통안전위원회National Transpor-tation Safety Board는 비행기 여행에서 100만 마일(160만 9344킬로미터)당 오직 1.7명의 사망자가 발생한 것으로 집계했다. 우리는 비행기 여행이 안전하다고 결정하기 위해 이러한 자료를 이용한다.

빈도법을 사용할 수 있을 정도로 충분한 자료가 없을 때도 우리는 여전히 정보에 기초해 추측할 수 있다. 예를 들어, 1999년 미연방지질조사U.S. Geological Survey 보고서는 앞으로 30년 동안 샌프란시스코 만 지역에서 한두 번의 대규모 지진이 일어날 확률을 0.7이라고 예상했다.2 전문가의 판단에 근거한 이런 추측을 '주관적인 확률subjective probabilities'이라고 부른다. 다소 확신하지 못하는 믿음의 대부분에 대해서, 자료가 불충분한 믿음에 대해서 우리가 할 수 있는 최선은 주관적인 확률로 평가하는 것이다.

확률을 평가하기 위해 자기 자신의 판단에 의지하기보다 사람들의 결합된 판단을 이용할 수 있다. 이런 종류의 '집단 지혜'를 활용하는 비근한 사례가, 경마에서 특정 말이 이기는 확률을 산출하기 위한 배당 표시 시스템parimutuel system이다. 수많은 사람이 이 시스템을 사용하는데, 전문가에 의해 제공된 최초의 확률을 이용해 돈을 건다. 돈 걸기가 진행됨에 따라, 그모든 돈 걸기의 결과가 계속해서 반영되어 확률이 경신된다.예를 들어 실키, 스튜볼, 스크램블이라는 말 세 마리의 경주에서 지금까지 실키에게 3천 달러, 스튜볼에게 4천 달러, 스크램블에게 3천 달러의 돈이 걸렸을 경우 각 경주마가 이길 예상확률은 실키와 스크램블이 각각 0.3, 스튜볼이 0.4가 될 것이다. 이런 예상은 이겼을 경우 배당을 산출하는 데 사용된다.실키와 스크램블이 이겼을 경우 배당은 각각 7 대 3이 되고 스튜볼이 이겼을 경우 배당은 6 대 4가 된다.

주관적인 확률을 얻기 위해 판단을 끌어내는 또 다른 방법은 시장에 기초한다. 우리는 특정한 사건의 결과에 관해 내기를 걸 때 '계약'을 구매하거나 판매하는 방식으로 시장을 이용할 수 있다. 계약의 가격은 사건의 확률에 대한 시장의 판단을반영한다. 예를 들어, 우리는 월드컵 축구 경기에서 어느 팀(말하자면 A팀 또는 B팀)이 우승할 것인지에 관한 계약을 살 수있다. 처음에 시장 조성자와 계약 구매자는 계약의 가격에 대해서 합의해야 한다. A팀의 우승에 대해 합의된 가격을 0.75달러라고 하자. 즉, 그 계약 구매자는 A팀의 우승에 대한 1달러짜리 계약을 0.75달러에 구매한다. 나중에 A팀이 우승한다면 그 계약의 보유자는 시장 조성자에게 1달러를 지급받는다.

만약, A팀이 우승을 못 한다면 그 계약은 가치가 없다. 하지만, 그 경기 이전까지 우리는 언제든지 서로 계약을 사고팔 수 있고, 최신 계약 가격은 모두가 볼 수 있도록 공시된다. (옥수수나 밀 같은 상품 선물 시장futures market과 똑같다.) 이런 방법으로, 참가한 모든 사람이 보유한 모든 정보가 반영되어 가격이 정립된다. 이 가격은 사람들이 최신 정보를 고려함에 따라 전 기간에 걸쳐 변한다. 예를 들어, 어떤 시점에서 A팀에 대한 1달러짜리 계약의 가격이 0.8달러라면 A팀이 이길 것이라는 주관적인 확률은 그 시점에서는 0.8이라고 받아들일 수 있고, A팀의 승산은 4 대 1이 될 것이다.

심지어 결과가 아주 먼 미래에 발생하거나 분명한 결과가 없을 때도, 가능성을 규명하기 위해 우리는 여전히 시장을 이용할 수 있다. 새로운 정보가 들어오면서 시장가격은 변동을 거듭할 것이다. 계약 보유자는, 지금 그 계약을 사서 더 높은 가격으로 팔아 이익을 남길 수 있다고 생각하는 사람에게 언제나 계약을 팔 수 있다. 그리고 가격이 떨어질 것이라고 생각하는 사람은 공매도空賣渡할 수 있다.

전문가들이 이런 시장에 참가할 때, 그 확률은 결국 그 전문가들의 견해에 기초할 것이다. 충분히 많은 전문가가 어떤 확률에 대해 지금까지 시장에 의해 정립된 것과 다르다고 판단하고 그 견해에 확신을 갖는다면, 정보가 부족한 참가자들의 손실을 대가로 큰 이익을 얻을 수 있다는 전망을 가짐에 따라 강하게 호가呼價할 수 있다. 그러한 호가는 그 확률이 전문가들의 견해와 더욱 일치하도록 작동할 것이다.

이런 종류의 시장은 단지 이론적인 발상이 아니다. 실제로 그런 시장은 존재한다. 주로 교육과 연구를 위해 이용되는 아이오와 전자 시장Iowa Electronic Market이 있으며, 예측 거래소Foresight Exchange와 할리우드 증권거래소Hollywood Stock Exchange가 있다.3 이들 시장의 거래자는 매우 다양한 미완의 결과에 '투자'할 수 있다. 예를 들어 예측 거래소에서는, 2045년 12월 31일까지 발전소가 핵융합을 통해 생산된 에너지를 판매할 수 있을지에 대해 내기를 걸 수 있다. (2013년 중반 그 확률은 85퍼센트 바로 아래였다.) 할리우드 증권거래소에서는 누가 오스카상, 에미상, 그래미상을 탈 것인지에 대해 내기를 걸 수 있다. 할리우드 증권거래소의 가격은 실제 수상 빈도와 매우 밀접한 연관이 있다고 한다.

아마 이런 종류의 시장을 예상하지는 않았겠지만, 판사 올리버 웬들 홈스 2세Oliver Wendell Holmes Jr.는 언젠가 다음과 같이 썼다. "진실이 시장의 경쟁에서 그 자체를 수용되는 생각으로 만드는 힘을 가졌는지의 여부가 그 진실을 검증하는 가장 좋은 수단이다."4 내가, 가장 좋은 믿음은 다수가 믿는 것이라는 생각을 지지하기 때문에 이 말을 인용한 것은 아니다. 충분하지 않은 정보를 가진 경우 대중은 자주 호도된다. 나는 오히려 전문가가 모두 믿음에 동의하거나 거의 그런 경우 — 전문가 견해의 변화를 계속 추적하는 한 — 전문가의 믿음은 자신의 믿음으로 받아들일 만한 가치가 있다고 생각한다.

4장의 〈그림 4-1〉을 통해 지구온난화에 대한 몇 가지 믿음을 네트워크로 제시했다. 통계학자와 컴퓨터 과학자는 이런 종류의 네트워크를 '베이지안 믿음 네트워크Bayesian belief network'라고 부른다. 이 네트워크는 의학, 유전체학, 기상학, 공학을 포함한 다양한 주제의 지식에 관한 표현과 추론을 위해 사용되어왔다. 어떤 경우에는 그 네트워크가 매우 커서 자주 수백, 수천의 명제를 포함한다.

어떤 믿음이 다른 믿음에 직접적으로 영향을 미치는지에 관한 정보는 믿음 네트워크의 구조에서 부호화encoded한다. 지나치게 단순화하면, 믿음은 주로 네트워크 안에서 인접한 다른 믿음에게서 영향을 받는다. 이 구조는, 어떤 믿음이 다른 믿음에 영향을 주는 정도에 관련된 추가적인 자료를 부호화하는 것과 더불어, 다른 믿음의 확률을 전제로 특정 믿음의 확률을 계산하는 데 이용될 수 있다. 확률을 계산하는 수학은 꽤 복잡하기 때문에 여기에서는 더 깊게 들어가지 않을 것이다. 그 대신, 주된 개념을 분명히 보여주기 위해 지구온난화 네트워크(〈그림 5-1〉)를 다시 사용해본다.

〈그림 5-1〉 베이지안 믿음 네트워크

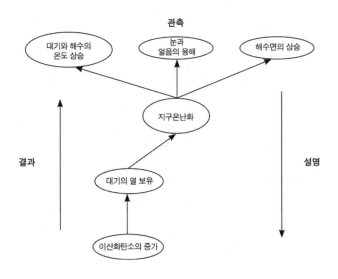

관측

대기와 해수의
온도 상승

눈과
얼음의 융해

해수면의 상승

지구온난화

결과

설명

대기의 열 보유

이산화탄소의 증가

먼저, 대기 가운데 이산화탄소의 증가 수준이 실제로 관찰되고 측정되었다고 가정해보자. 기상학자는 대기가 더 많은 열을 보유하고 있다는 가능성을 측정하기 위해 이 관측과 함께 대기의 이산화탄소가 열 보유에 영향을 미치는 방식에 대한 알려진 모형을 이용할 수 있다. 그다음, 대기의 열 보유 때문에 실제로 지구가 온난화하고 있는지의 가능성을 계산하기 위해 이런 절차의 컴퓨터 모형을 이용할 수 있다. 이런 종류의 추론, 즉 베이지안 믿음 네트워크(〈그림 5-1〉) 안에서 위 방향으로 나아가는 것을 '인과 추론causality reasoning'이라고 부르는데, 이는 물리적인 과정의 인과 모형에 기초한다.

다음으로, 네트워크의 꼭대기로 가서, 실제 측정을 통해 나타나듯이 해수면이 정말로 상승하고 있다고 가정하자. 이 관측이 지구온난화의 가능성에 어떻게 영향을 주는지 측정하기 위해 이 네트워크에서 아래로 내려가는 식으로 우리의 방식을 작동할 수 있는가? 우리는 어떻게 지구온난화가 해수면 상승에 영향을 주는지에 관련된 인과 모형을 사용할 수 있다. 하지만 그것은 여기에서 바라는 것과는 반대 방향의 추론이다. 우리가 원하는 것은 해수면이 상승할 경우의 지구온난화 가능성이다. 1700년대 중반 영국 성직자 토마스 베이스Thomas Bayes에의해 고안된 규칙을 사용해 '가능성 흐름probability flow'의 방향을 뒤집을 수 있다. '베이스의 규칙Bayes' Rule'이라고 알려진 이 규칙은 믿음 네트워크 안에서 결과에서 원인으로 '내려가는' 추론에 사용된다. 이런 방식의 추론을 '증거 추론evidential reasoning' — 증거에서 가능한 원인을 추론하기 — 이라고 부른다. (또한 '귀추법abductive reasoning'이라고도 부른다.) 내과 의사는 관찰된 증상을 바탕으로 그런 증상을 초래한 근원적인 원인의 가능성을 추론하는 데 비록 비공식적이지만 이런 방식을 적용한다.

추가적으로 대기와 해수의 온도가 상승하고 있다는 것을 알게 되면, 그 점을 지구는 온난화하고 있다는 가능성을 더욱 높이는 증거 추론의 다른 조각으로 사용할 수 있다. 증거 추론은 축적될 수 있다. 2개 이상의 서로 독립적인 증거는 믿음에 대한 추가적인 지지를 제공한다. 증거에 따라 (또는 증거 부족에 따라) 명제의 가능성이 변하는지에 관한 이 사례를 계속 살펴보기 위해, 이 단계에서는 눈과 얼음이 녹는 것의 측정이 아직 이루어지지 않았다고 가정하자. 그러나 눈과 얼음이 녹는 것은 지구온난화의 결과(지금은 꽤 가능성이 있는 것으로 평가된다)이기 때문에, 우리는 그것을 관찰할 가능성을 평가하기 위해 인과 추론을 사용할 수도 있다. 만약에 우리가 눈과 얼음이 녹는 것을 관찰하는 데 실패한다면(예상된 바와 반대로) 증거 추론에 의해 그 실패는 지구온난화의 가능성을 축소할 것이다. 그렇지만 사실은, 4장에서 말한 것과 같이, 눈과 얼음은 실제로 녹고 있는 것으로 관측되고, 이로써 지구온난화의 가능성

어떤 믿음이 다른 믿음에 직접적으로
영향을 미치는지에 관한 정보는
믿음 네트워크의 구조에서 부호화한다.
지나치게 단순화하면,
믿음은 주로 네트워크 안에서 인접한
다른 믿음에게서 영향을 받는다.

은 감소를 겪기보다 증가하고 있다.

4장에서 '설명을 통한 배제'라고 불리는 다른 방식의 추론을 언급했다. 만약 예를 들어, 지구온난화에 대해 태양에서 오는 열에너지의 증가와 같은 또 다른 매우 가능성 높은 원인이 발견된다면, 그 원인은 그 자체로 대기의 열 보유가 지구온난화의 근본적인 원인이라는 가능성을 축소할 것이다. 사실, 지금까지 꽤 가능성이 있는 어떤 대안적인 원인도 발견되지 않았고, 따라서 열 보유는 설명을 통해 배제되지 않았다. 믿음 네트워크에서 명제에 믿음을 부여하기 위해 사용되는 실제 계산은 매우 복잡하지만, 컴퓨터는 심지어 꽤 큰 네트워크에 필요한 계산도 실행할 수 있다.

일상적인 추론 활동에서 사람들은 자주 인과 추론, 증거 추론, 설명을 통한 배제를 스스럼없이 사용한다. 그렇지만 확률적인 추론의 치밀함을 다소 이해하지 못해 호도되기 쉽다. 예를 들어, 꿈은 미래의 사건을 예상할 수 있다는 이론을 고려해 보자. 친구가 차에 치어 죽는 꿈을 꾸었는데, 다음 날 아침 일어나서 그 친구가 정말로 차에 치어 죽은 것을 발견할 수도 있다. 하지만 그러한 하나의 사건이 그 이론을 증명하는 것은 거의 불가능한 일이다. 이론을 증명하기 위해서 우리는 통계적으로 적절한 꿈의 사례를 고려해야만 하는데, 수백(아마 수천)의 꿈은 미래의 사건과 전혀 관계가 없었다. 그 친구의 차 사고는 단지 우연의 일치라고 믿는 것이 더욱 엄격한 태도일 것이다.

다른 사례를 들어보자. 누군가 당신에게 어떤 주식시장 분석가가, 이를테면, 스미스가 주식시장이 1987년 10월에 붕괴할 것이라고 정확하게 예측했었다고 말해준다고 가정해보자. 스미스가 드물게 정확히 예측하는 능력을 지녔다는 믿음을 받아들이고 그의 미래 예측에 의지하기 전에, 당신은 과거에 그가 어떻게 했는지를 고려할 필요가 있을 것이고, 수백(아마 수천) 명의 분석가가 행한 다양한 주식시장 예측 가운데 최소 하나는 (이번에는 스미스였다) 1987년 10월에 대해 맞았다는 점을 깨달을 필요가 있다. 충분히 많은 예측 전문가가 있다면, 그 가운데 누군가는 반드시 과거에 대해 맞추기 마련이다. 스미스는 다음번에도 맞출 것인가? 글쎄, 아마 정확한 예측이 만들어질 수 있는 얼마간의 근거가 정말로 있다면 그럴 것이다. 하지만 그렇지 않다면, 성공은 단지 한 번의 우연한 사건에 지나지 않는다. 투자업계에서 말하듯이 "과거의 성과는 미래의 결과를 보장하지 않는다".

일상적인 추론 활동에서
사람들은 자주 인과 추론,
증거 추론, 설명을 통한 배제를
스스럼없이 사용한다.
그렇지만 확률적인 추론의 치밀함을
다소 이해하지 못해 호도되기 쉽다.

6

현실과 진실

우리의 믿음은 현실reality에 대한 서술이다. 심지어 우리는 어떤 믿음은 진실true이라고 주장한다. 현실과 진실이라는 주제에 대해서 무엇을 말할 수 있는가? 먼저 현실이라는 주제에 대해서 논의해보자. 나는 현실이 그것에 대한 우리 자신의 생각이나 지각과 관계없이 독립적으로 존재한다고 믿는다. 우리의 감각에 미치는 현실의 영향(자연적이건 증강된 것이건 모두)으로 우리는 다양한 대상, 속성, 관계의 개념을 발명했다. 그리고 우리는 그 개념을 현실을 서술하는 문장에 사용하는데, 예컨대 "샌안드레아스 단층은 태평양판과 북아메리카판 사이의 경계이다"일 수 있다. 이 문장은 내 믿음 가운데 하나─내 현실 모형의 일부분─다. 단층, 경계, 판은 고안된 대상이며, 현실 모형에서 사용된다. 나는 우리가 그것을 현실 자체의 부분으로 생각해야 한다고 믿지 않는다.

현실에 대해 서로 다른 철학적인 관점이 있다. 예를 들어 '현실주의realism'라고 부르는 주의는 "세상이 보유하는 대상은 그것에 대한 우리의 생각과 지각에서 독립해 존재한다"라고 간주한다.[1] 철학자들은 이런 관점을 지닌 사람을 '현실주의자realist'라고 부른다. 나는 '대상objects'이 우리가 발명한 개념이고, 실제로 세상에 존재하는 '사물things'은 발명된 개념이 아니라고 생각하기 때문에 현실주의자는 아니다. 대상이 실제로 세상에 존재한다고 주장하는 것은 현실 자체와 현실에 대한 우리의 모형을 혼동하게 만든다. 우리는 단지 모형-구축 장치를 이용하고 지각을 통해 정보를 획득함으로써 현실에 대해 말할 수 있을 뿐이다. 우리는 절대로 현실이 무엇인지 말할 수 없다. 그리고 가장 중요한 점은, 우리가 현실에 대해 말하고 있는 것은 항상 바뀌기 마련이라는 점이다. 이런 관점에 동의한 여러 사상가가 이를 다양한 방식으로 표현했다.

'대상'은 개념 체계에서 독립해 존재하지 않는다. 이런저런 서술 체계를 도입할 때 우리는 세상을 대상으로 분할한다.

힐러리 퍼트넘Hilary Putnam, 철학자[2]

생각을 사물과 결합할 수 있는 방법은 없다. …… 생각 — 정신의 표상 — 은 사물을 따르지 않기 때문이다. 정신의 표상은 다른 정신의 표상을 따른다.

루이스 메난드Louis Menand, 작가
철학자 C.S. 퍼스C.S. Peirce의 견해를 인용하며[3]

양자 세계는 없다. 오직 추상적인 물리학적 묘사만이 있을 뿐이다. 물리학의 과제가 자연이 무엇인지 알아내는 것이라는 생각은 잘못된 것이다. 물리학은 우리가 자연에 관해 무엇을 말할 수 있는지에 관심을 가진다.

닐스 보어Niels Bohr, 물리학자[4]

물리학자는 물리적인 세계라고 명명한 것을 구축하는데, 그 세계는 어떤 관찰된 사실과 그 사실에 대한 지각에서 촉발된 추론의 독특한 결합에서 발생한 하나의 개념이다.

로버트 린세이│Robert Lindsay · 헨리 마그노Henry Margenau, 물리학자[5]

심지어 갈릴레오Galileo 시대의 일부 신학자도 현실 자체와 현실의 묘사에는 차이가 있다는 점에 동의했다. 예를 들어, 그들은 갈릴레오의 태양 중심 체계가 항해를 위해 필요한 예측을 산출하는 데 유용한 묘사일 수도 있다는 점을 인정했다. 갈릴레오에 대한 그들의 논점은 '어떤 묘사가 더 좋은지'가 아니라 '지구 중심 체계와 태양 중심 체계 가운데 어느 것이 현실인지'에 있었다. 내 의견으로는, 물론 무엇이 현실인지를 결정하려는 시도는 헛수고다. 우리가 할 수 있는 모든 것은 현실에 대한 묘사를 만들어내는 것이다. (현실이 정말로 무엇인지를 결정하는 것이 아니다.) 갈릴레오가 단지 자신의 묘사가 더 좋은 것이라는 점만 주장했다면 다소의 고난을 피했을지도 모른다. 하지만 그는 의심할 여지없이 그것을 또한 현실이라고 말하는 것이 합당하다고 생각했다.

이제 진실이라는 주제로 가보자. 일부 철학자는 진실한 진술은 현실, 즉 사물이 '실제로 존재하는' 양태와 '일치correspond'하는 것이라고 주장한다. 이 정의는 매혹적으로 간단하고 분

심지어 갈릴레오 시대의 일부 신학자도
현실 자체와 현실의 묘사에는 차이가
있다는 점에 동의했다.

명한 것처럼 들린다. 그렇지만 나는 "사물이 실제로 존재하는 양태"라는 구절은 의미 없다고 생각한다. 진실의 일치 이론cor-respondence theories of truth이 어떻게 작동되는지 살펴 그 이유를 알아보자. 일치 이론의 진실에 따르면 "석탄은 검다"라는 문장은, 실제로 석탄(단어 '석탄'이 가리키는, 세상에 존재하는 대상)이 검을(단어 '검다'가 가리키는, 세상에 존재하는 속성) 경우 진실이다. 무엇이 이보다 더 명백할 수 있는가?

정말로 그렇다! 그러나 문제는 우리가 석탄(세상에서 그렇게 언급되는 대상)과 검정(세상에서 그렇게 언급되는 속성)이라고 생각하는 것은 현실을 분할하고 묘사하는 데 도움을 받기 위해 만들어낸 개념을 나타내는 단어라는 점이다. 대상과 속성은 우리 모형의 요소이지 현실의 요소가 아니다. 한 속어 표현이 나타내듯이 "현실은 석탄을 통해서는 알 수 없다". (그것은 단지 그렇다.) '사물은 실제로 무엇이다'라고 묘사하려는 것은 '현실은 무엇이다'라고 말하고자 하는 오도된 시도다.

일치 이론의 장애를 다소간 인식한 다른 철학자들은 '일관성coherence'이라는 개념을 활용해 진실을 정의하려고 시도한다. 진실의 일관성 이론coherence theories of truth의 한 형태에서는 함께 고려할 때 서로 모순이 없다면, 즉 내부적으로 일관성이 있다면 일련의 믿음에서 각각의 믿음은 진실로 간주된다. 따라서 예를 들어 "모든 고니는 하얗다"와 "폴룩스는 검은 고니다"라는 진술은 일관성이 없다. (두 문장 모두 진실일 수는 없다.) 그러나 "모든 고니는 하얗다"와 "카스토르는 하얀 고니다"라는 진술은 일관성이 있다. (두 문장 각각 진실일 수 있다.) 증거에 비추어 일련의 진술에 대한 신뢰성을 평가하는 방법 외에, 우리가 할 수 있는 모든 일은 그것에 일관성이 있는지 살펴보는 것이다. 자신의 믿음이 논리적으로 일관성을 갖추지 못한 경우 적어도 모순을 제거하기 위해 그 믿음을 조정하려는 시도를 해야 한다. 진실의 일관성 이론은 리처드 로티Richard Rorty의 다음 진술을 생각나게 한다. "오직 하나의 문장만이 다른 문장의 진실과 관련 있을 수 있다."**6**

일관성을 확인하는 일반적인 방법은, 연관된 일련의 믿음이 각각 확률 값을 가질 때 그 확률 값들이 함께 확률 이론을 만족시키는지를 점검하는 것이다. 베이지안 믿음 네트워크에서 다양한 교점 사이에 확률을 전파하는 방법은 그 확률들이 서로 일관성 있다는 점을 보장한다.

진실과 현실에 대한 내 견해의 결론은, 어떤 의미에서는, '저기 밖에' 있는 '절대적인 진실'은 없다는 것이다. 사람들이 이런저런 것은 **절대적으로** 진실이라고 말할 때, 나는 그들이 '이런저런' 것을 매우, 매우 강하게 믿어서 그것에 대한 마음을 절대, 절대 바꾸지 않을 것이라고 생각한다. '절대적인 진실'은 단지 아주, 아주 강하게 영원히 지니는 특정한 믿음에 적용한 딱지에 불과하다. "절대적인 진실은 없다"라고 말하는 것은, 그 말 자체가 절대적인 진실이기 때문에, 자기모순이라고 주장하는 사람도 있다. 그러나 나는 그 모순과 관련이 없다. 나는 내 믿음―절대적인 진실은 없다―이 절대적인 진실이라고 주장하지 않기 때문이다. 그것은 단지 내가 강하게 지니는 하나의 믿음일 뿐이다.

수학적이거나 논리적인 믿음은 어떤가? '2+2=4'는 진실(어떤 의미에서는 심지어 절대적인 진실)이 아닌가? 왜 이것에 대해 옥신각신하는가? 맞다, 수학적이거나 논리적인 진실이 있다. 하지만 이는 수학이나 논리학에서 사용되는 진실의 특별한 정의definition에 의존한다. 본질적으로 진실은 같은 것을 말하는 다른 방법들과 관련된다. 예를 들어, 이등변삼각형의 최소한 두 변은 동일하다는 것은 수학적인 진실이다. 이 사실은 이등변삼각형의 정의에, 말하자면 최소한 두 개의 각은 동일하다는 점에 더해 평면기하학에 관한 표준적인 몇 가지 전제에 내재한 것이다. 이등변삼각형의 두 변은 동일하다고 말하는 것은 그 정의와 전제에서 이미 내포된 것 외에 새로운 점은 아무것도 말하지 않는 것이다. 덜 수학적인 사례로 "감기를 치료하는 데는 7일이 걸린다"라는 믿음에 이미 '진실'이라는 딱지를 붙였다면, 또한 "감기를 치료하는 데는 일주일 걸린다"라는 믿음에도 '진실'이라는 딱지를 붙일 수 있다. 거기에 새로운 것은 아무것도 없다.

누군가 이러저러한 것은 진실이라고 말하는 것에 대응해, 우리 또한 이러저러한 것이 진실이라고 믿는다는 점을 나타내기 위해 아마 "그 말은 맞습니다", "그 말은 정확합니다", "그 말은 옳습니다"라고 말할 것이다. 우리가 그것을 믿지 않는다면 아마 "그 말은 틀렸습니다"라고 말할 것이다. '진실'이라는 단어의 수많은 동의어와 반의어가 있다. 어떤 경우든 우리는 다른 사람의 믿음에 대해 배움으로써 자신의 새로운 믿음 — 상위-믿음meta-belief, 믿음에 관한 믿음 — 을 얻게 된다. 예를 들어, 존은 지구가 더워지고 있다고 믿는다(그것도 꽤 강하게)는 것을 믿는 내 믿음이 상위 믿음이다. 이 사례에서 내가, 존은 지구가 더워지고 있다는 것을 '안다know'라고 말할 수도 있을까? 글쎄, 이는 정말로 내가 '안다'라는 단어를 어떻게 사용하기를 원하는지에 달려 있다. 만약 내가 지구는 더워지고 있다고 강하게 믿는다면, 내가 아는 것에 더해, 존이 안다고 말할 것이고 존 역시 그럴 것이다. 그러나 지구온난화를 믿지 않는 사람은 존이 '안다'라고 말하고 싶지 않을 것이다. 그는 "내가 '진실'이란 딱지를 붙이지 않은 것을 어떻게 누군가가 '알' 수 있단 말인가?"라고 묻게 될 것이다. 그런 사람 모두가, 존은 그것을 믿는다고 말하려 할 것이다. 우리 모두 정의에 대해 동의한다면 의사소통에는 도움이 되겠지만, 이런 단어의 사용은 전적

'절대적인 진실'은
단지 아주, 아주 강하게 영원히
지니는 특정한 믿음에 적용한
딱지에 불과하다.

으로 쓰는 사람에게 달렸다.

우리 각자는 자신과 다른 사람의 믿음을 표현하기 위해 우리가 선택하는 어떤 단어도 사용할 수 있을 뿐만 아니라, 우리가 원하는 것을 원하는 강도로 믿을 수도 있다. 우리는 모두 서로 다른 자신만의 현실 모형을 만들 수 있고, 만들고 있다. 그 결과 어떤 사람들은 "그것은 당신에게는 진실일지 모른다, 그러나 나에게는 진실이 아니다"라고 말하게 될 것이다. 정말로 그렇다! 그런 진술은 '상대주의relativism'라고 불리는 철학적인 입장과 관련 있는데, 리처드 로티는 이를 "특정 주제에 대한, 아마 어떤 주제에 대해서도, 모든 믿음은 다른 모든 믿음만큼 좋다는 견해"7라고 정의했다. 비록 모두가 자신의 믿음을 가지고 있지만, 나는 확실히 모든 사람의 믿음이 똑같이 좋다고는 믿지 않는다. (그리고 부인할 것이다.)

그렇다면 우리는 어떻게 어떤 믿음이 다른 믿음보다 더 좋다고 판단하는가? 그 믿음이 만들어내는 어떤 예측이든 신중하게 관찰해 비교하고, 그 믿음에 대한 신뢰할 만한 설명과 결과를 찾아 판단한다는 것이 답이다. (이런 견해는 철학자들이 도구주의instrumentalism라고 부르는 주의와 관계가 있다.) 이런 판단을 하는 가장 숙련된 방식이 과학적 방법의 요소인데, 이 주제는 다음 장에서 다룬다.

7

과학적 방법

현실에 대한 설명을 찾아내기 위해 과학자가 사용하는 일련의 절차는 '과학적 방법the scientific method'이라고 불리게 되었다. 이미 언급한 바와 같이 과학적 방법은, 우리 가운데 많은 사람이 꽤 자연스럽게 사용하는 비판적인 생각의 요소를 가장 능숙하게, 그러나 여전히 어느 정도는 비공식적으로, 적용한 것이다. 사실 언젠가 아인슈타인도 다음과 같이 말했다. "과학 전체는 일상의 생각을 정제精製한 것에 불과하다."[1] 이러한 정제는 주로 신중한 관찰과 그 관찰에 대한 설명을 창조하고 검증하는 것으로 구성된다. 멀리 바빌로니아와 고대 그리스 사람들도 자연 세계에 대해 배우려는 시도로 이런 전략의 많은 부분을 사용했다.

11세기 초 무렵 바스라와 카이로에서 살았던 이슬람 학자 알하이삼al-Hay-tham은 시각과 빛의 이론을 포함한 『광학의 서 The Book of Optics』를 집필했다. 한 권위자에 따르면 "이븐 알하이삼은 근대의 과학적 방법의 개척자였다. 그의 책에서 그는 '광학optics'이라는 용어의 의미를 바꿨고 실험을 해당 분야의 입증 규범으로 정립했다. 그의 조사는 추상적인 이론이 아니라 실험적인 증거에 기초한 것이며, 그의 실험은 체계적이며 반복할 수 있는 것이었다".[2] 특히, 알하이삼은 관찰과 실험 그리고 합리적인 논쟁을 결합해, 광선은 대상을 보는 눈에서 오는 것이 아니고 대상에서 온다는 시각 이론을 지지했다.

과학적 방법의 발전에 공헌한 유명한 유럽인에는 로버트 그로스테스트Robert Grosseteste,1175~1253, 로저 베이컨Roger Bacon, 1214~1294, 갈릴레오Galileo, 1564~1642, 프란시스 베이컨Francis Bacon, 1561~1626, 르네 데카르트Rene Descartes, 1596~1650가 포함된다. (이들 모두, 전 시대에 걸친 위대한 과학자 가운데 한 사람인 아이작 뉴턴Isaac Newton, 1643~1727의 선구자다.)

오늘날, 과학적 방법은 전 세계적으로 적용되어 지난 수 세기 동안 지식의 폭발을 초래했다. 확실히 하자면 화학자의 실험실에서, 지질학자의 현장에서, 천문학자의 관측소에서, 이론가의 책상에서 이것이 적용되는 방법은 약간씩 다르다. 그렇지만 그 정신은 같다. 즉, 관찰, 설명, 검증이다. 이 장에서는 먼저 과학적 지식 자체는 모두 과학의 필수적인 과정에 관한 것이고, 결국 그 문제로 귀착한다는 내 생각을 기술한다.

과학적 지식은 대상, 과정, 그들 사이의 관계에 대한 많은 사실과 이론으로 구성된다. 대상은 수십 억의 광대한 은하계부터 가장 작은 아원자입자까지를 범위로 한다. 이 사이에 항성과 행성, 생명체와 그 구성 요소, 화합물, 원자가 있다. 이들 대상이 포함된 과정에는, 과학자들이 규명하고 연구하는 단지 몇 가지 사례만 거론하자면, 모든 것의 시작인 빅뱅, 항성의 생성과 소멸, 대륙의 이동, 기후의 변화, 모든 생명체의 진화와 활동, 언어와 민족의 이동, 세포의 작용, DNA의 혼합, 아원자입자의 활동 등이 있다. 이런 대상과 과정은 오직 추상적인 물리학적 묘사이며, 자연을 무엇인가로 받아들이면 안 된다는, 6장에 있는 닐스 보어의 진술을 독자들에게 상기시키고 싶다. 세상을 과학적으로 묘사하는 데 많은 이론이 제시되었지만, 지금까지 어떤 단일 이론도 전부를 포괄하지는 못했다. 그 대신 과학적 지식은 다양한 수준의 구체성과 신뢰성을 가지고 책, 학술 논문, 컴퓨터 데이터베이스, 사람의 뇌에 분산된 많고 많은 이론으로 구성된다.

일부 과학적 지식은 '교과서적인 지식textbook knowledge' ─ 많은 전문가가 세대에 걸쳐 새로운 과학자에게 가르쳐야 한다고 충분히 간주하는 ─ 으로 불릴 수 있다. 예를 들어, 양자역학의 많은 부분은 이제 교과서적인 지식이다. 반면 일부 과학적 지식은 '첨단 지식frontier knowledge'으로, 최근에 만들어졌고 여전히 검증이 필요하다. 교과서에 있든 첨단이든 간에 모든 과학적 지식은 과학자가 계속해서 관찰하고 이론화하고 검증함에 따라 변하기 마련이다. 새로운 관측 장치에 의한 새로운 실험은 아마 기존 지식을 새로운 지식으로 대체하기를 요구할 것이다. 그렇지만 잠정적인 상태임에도 불구하고, 오늘의 과학적 지식은 현실에 대해 현재 가능한 가장 훌륭한 묘사를 하고 있다.

과학자는 과학적 지식의 주요 형태를 '사실facts'과 '이론theories'으로 구분한다. 사실은 보통 신중한 관찰 또는 실험의 특정한 결과를 인용한다. 예를 들어, 과학자는 10미터의 높이에서 떨어진 10킬로그램의 물체는 지면에 부딪칠 때 초속 14미터에 도달한다는 점을 사실이라고 말할 것이다. 그러나 또한 질량이 다른 두 개의 무거운 물체가 같은 높이에서 동시에 떨어질 경우 동시에 지면에 도달한다는 갈릴레오의 이론에 대해서도 언급할 것이다.

이론은 관찰 결과를 예측하거나 이미 존재하는 이론을 더욱 상세하게 설명하려는 의도를 지닌 구축물이다. 예를 들어, 뉴턴의 운동과 중력 이론은 행성궤도(그리고 그 밖에 많은 것)에 관한 설명을 구성한다. 이론은 오직 그 시대에 이용 가능한 개념을 통해서만 구축될 수 있다. 뉴턴은 거리, 힘, 질량, 궤도, 가속이라는 개념을 이용할 수 있었고, 이들 개념은 그의 운동과 중력 이론을 개발하는 데 필요한 전부였다. 현대 과학자는 망원경, 현미경, 자기공명 영상 기계, 방사선 검출기, 입자 가속기, 초음파 기계와 같은 감각 증강 기구를 사용해 그들이 본 것을 묘사하기 위해 퀘이사quasars, 박테리아, 암흑 에너지dark energy, 쿼크quarks와 같은 더욱 새로운 개념을 고안했다. 이런 개념은 모두 설명 이론을 구축하기 위한 구성 요소다.

이론은 보통 단어와 수학 방정식의 결합으로 표현된다. 또한 이론은 점점 더 많이 컴퓨터 시뮬레이션으로 부호화한다. 예를 들어, 고온의 기체 활동 시뮬레이션은 관련된 열역학 이론을 구현했다. 이런 시뮬레이션은 많은 다른 조건의 기체 활동을 예측하는 데 이용될 수 있다. 그 시뮬레이션의 결과는 다시 실제 측정과 비교해 검증될 수 있다.

채택할 만한 이론은 이미 실시된 관측에 일치해야 할 뿐만 아니라 새로운 관측 결과의 예측 역시 가능해야 한다. 즉, 과학적 이론은 존재하는 사실을 다루는 것을 넘어서, 새로운 관측 결과가 어떻게 될지 예측하기 위해 반드시 범위를 확장해야 한다. 이런 새로운 예측이 신중한 실험으로 검증될 때 만족스럽다면 그 이론은 신뢰성을 얻는다. 그렇지 않으면 그 이론은 신뢰성을 잃고 수정되거나 폐기되어야만 한다.

과학적 이론은 반드시 다른 요구 사항도 만족해야 한다. 그 가운데 하나는, 과학적 이론은 검증될 수 있어야 하며, 검증을 통과하지 못하는 경우도 있어야 한다는 점이다. 즉, 모든 과학적 이론은 반증이 가능falsifiable해야 한다. 심지어 어떤 과학자가 자신의 이론이 그것을 검증하기 위해 고안된 장래의 실험 결과와 일치할 것이라고 희망하더라도, 이것은 최소한 상상으로라도 일치하지 않을 수 있어야 한다. 과학적 이론은 반드시 반증이 가능해야 하지만, 무언가를 이론(사실 대신에)이라고 말하는 것이 반드시 그 이론에 의심을 던지는 것은 아니다. 예를 들어, 대부분의 교과서적인 이론은 높은 신뢰성을 가지고 있다. (우리가 사실에 '진실'이라고 꼬리표를 붙이는 것과 꼭 마찬가지로 교과서적인 이론 역시 '진실'이라는 꼬리표를 붙일 만큼 신뢰성이 높다.) 심지어 이런 경우에도, 우리는 절대로 어떤 이론에 100퍼센트의 확률을 부여하지는 않는다. 왜냐하면 그런 경우 ― 증거가 무엇이든 ― (확률 이론의 기술적 결론에 따르면) 그 확률이 절대로 약화될 수 없기 때문이다. 과학에서 우리는 항상 이론이 뒤집힐 수도 있다는 개념을 기꺼이 즐기고자 한다.

반증 가능성의 중요함을 이해하기 위해서 '스무고개' 놀이를 생각해보자. 상대방이 생각하는 대상이 무엇인지 확정하려는 시도로 우리는 '예/아니요'로 대답해야 하는 연속된 질문을 한다. 우리는 가장 많은 정보를 제공해줄 수 있는 질문을 하려고 시도하며, 이미 그 답을 알고 있는 질문은 절대로 하지 않는다. 그 대상에 대한 새로운 정보를 아무것도 주지 않는 오직 '예'라는 대답만을 얻을 수 있기 때문이다. 과학적 이론을 검증하기 위해 이용되는 실험은 현실에 관해 제기된 질문과 같다. 그런 질문은 일련의 가능한 현실을 두 개로 구분하려고 시도한다. 질문에 대한 '예'라는 답변은 현실이 두 부분 가운데 반드시 어느 한편에 놓여야 한다고 말하고, '아니요'라는 답변은 현실이 반드시 다른 한편에 놓여야 한다고 말한다. 반증 불가능한 이론은 오직 '예'라는 답변만을 만들 수 있기 때문에 현실에 대해서는 아무것도 말하지 않는다. 또한, 반증 불가능한 이론은 과학적으로 어떤 관심도 끌지 못한다. 과학의 과제는 현실에 관해 무언가를 말해야 하는 것이기 때문이다.

가장 일반적인 종류의 반증 불가능한 이론에는 무궁무진한 매개변수parameters — 어떤 새로운 자료에든 일치할 필요가 있을 때 조정할 수 있는 그 이론의 '손잡이knobs' — 의 공급이 따른다. 예를 들면, 초능력에 관한 이론은 특히 '너무-많은-손잡이' 문제를 가지는 경향이 있다. 사람들이 멀리 떨어진 사람의 생각을 '읽을' 수 있는지에 관한 검증을 고안한 초능력 실험자는 보통 "아니요"라는 대답을 절대로 채택하지 않기 위한 변명을 생각해낼 수 있다. 실험 주체 또는 멀리 떨어진 사람의 '상태'에 관한 잠재적으로 무한한 매개변수 가운데 어느 것이든 실패 배제를 위한 설명에 사용될 수 있다. 예컨대, 실험 주체와 멀리 떨어진 사람 가운데 한 명에게 "운이 나쁜 날이었다"거나 그들 가운데 한 명이 "너무 열심히 하려 했다"거나 아마 실험자의 잘못이었다. 또는 실험자는 "너무 의심이 많았다" 그리고 그의 "부정적인 기운"이 효력 발생을 막았다. 다른 자유 매개변수는 발신자가 수신자에게 보내기로 예정된 메시지의 종류와 관계가 있을 수 있다. 만약 초능력 실험이 작동하지 않으면 초능력 지지자는 소재가 '올바른 형태'가 아니었다고 주장할지도 모른다. 실패에 대해 무수히 많은 변명을 제시할 수 있기 때문에 열성적인 초능력 이론가가 '아니요'로 받아들일 대답을 얻을 가능성은 어떻게 해도 없다. 이처럼 무한정 확장하는 이론은 절대로 어떤 실험적인 검증과도 불일치할 수 없다. 따라서 현실에 대해서는 정말로 아무것도 말하지 않는다.

사람들은 수많은 반증 불가능한 믿음을 가지고 있는데, 그런 믿음은 반증 불가능하기 때문에 과학적인 것으로 간주될 수 없다. 예를 들어 불멸 — 이런저런 형태의 죽음 이후의 삶 — 에 관한 이론은 대부분 검증될 수 없고, 따라서 비록 많은 사람이 믿는다고 해도 과학적 이론이 아니다. 개인적으로 나는 그런 믿음에 기초해서 행동하는 것을 권장하지 않는다.

칼 포퍼는 과학이 주로 낡은 이론을 반증하고 그 이론의 특정한 실패를 면한 새로운 이론으로 대체되어 진보한다고 주장했다.[3] 새로운 이론 역시 또 다른 검증을 통해 반드시 반증 가능해야 한다. 어떤 과학적 이론도 궁극적인 반증에서 면제될 수 없다.

과학적 이론의 바람직한 특징은 서로 일치하는 것이다. 하지만 오늘날의 이론 가운데 다수는, 심지어 교과서적인 이론조차 그렇지 않다. 예를 들어 뉴턴의 중력 이론, 양자역학, 아인슈타인의 일반 상대성 이론은 서로 일치하지 않는다. 그렇지만 그 이론들 각각은 그 자체의 제한된 설정에서는 유용하다. 뉴턴의 중력 이론은 상당히 크고 먼 거리에 있는 물체 사이에 발생하는 중력의 힘에 대해 설명하고, 양자역학은 아원자입자 수준의 현상을 설명하며, 아인슈타인의 이론은 항성과 같이 정말로 거대한 사물을 둘러싼 현상 그리고 빛의 속도에 가까운 현상을 설명한다. 과학자와 공학자는 우주선의 궤적이나 행성의 궤도를 계산하는 데 뉴턴의 이론을 이용하고, 아원자입자의 활동을 계산하는 데는 양자역학을 이용하며, 거대 항성이 어떻게 더욱 멀리 떨어진 항성에서 오는 빛을 굴절하는지를 계산하는 데는 아인슈타인의 상대성 이론을 이용한다. (실제로 수성의 궤도를 정확하게 계산하기 위해서는, 수성이 거대 물체인 태양에 근접해 있기 때문에, 상대론적 보정이 필요하다.)

물리학자들은 여전히 전자기학, 강한 핵력과 약한 핵력, 양자역학, 중력을 통합하는 단일 이론 — '만물 이론the theory of everything' — 을 찾고 있다. 단일 이론 후보 가운데 하나인 끈 이론은 모든 소립자 — 전자, 쿼크 등등 — 가 10차원(다른 설명은 11차원)에서 진동하는 아주, 아주 작은 끈이라고 말한다.[4] 이 중 6개 차원은 너무나 작은 형태로 말려 있어서 우리는 — 아직까지 — 다른 4개 차원의 시공간만을 경험한다. 아직까지 끈 이론은 매우 대단히 첨단적인 과학이며, 반증 불가능한 이론이기 때문에 많은 과학자가 과학으로 생각하지 않는다. 끈 이론을 검증할 수 있는 알려진 실험은 없다. 그러나 누가 알겠는가? 어쩌면 누군가가 어느 날 검증해낼지도 모른다.

당장은, 전문화된 이론들이 적용 가능한 다른 영역이 있고, 그 영역에서 각각 정확하고 유용한 예측을 한다는 점에 만족

사람들은 수많은 반증 불가능한
믿음을 가지고 있는데,
그런 믿음은 반증 불가능하기 때문에
과학적인 것으로 간주될 수 없다.

할 수밖에 없다. 다만, 그런 이론들을 설정 — 그 안에서 다른 이론들과 일치하지 않는지는 불분명하다 — 에 맞게 적절히 이용하기 위해서는 반드시 주의를 기울여야 한다.

과학적 지식은, 관찰, 이론화, 실험적인 검증, 추가적인 이론화와 검증이 서로 밀접하게 의존하고 상당히 어지럽게 뒤섞인 사회적인 혼합을 통해 만들어진다. (모두 비판과 논쟁 그리고 거친 추측의 소용돌이에서 발생한다.) 과학의 역사를 살펴보면, 전 과정은 자연계를 설명하기 위한 잘 정돈된 체계적인 노력이기보다 많은 참가자와 강경한 훈수꾼의 집단적인 기회주의적 조각 그림 맞추기 놀이처럼 보인다. 과학적인 발견은, 정신을 바짝 차린 탐험가처럼 행동하기보다는 방황하는 몽유병자처럼 행동하는 과학자에 의해 이루어진 사례로 넘쳐난다.[5] 생물학자 프랑수아 자코브Francois Jacob는 그의 획기적인 업적 가운데 하나를 "밤의 과학"의 결과로 설명하면서 다음과 같이 말했다. "자연계에 대한 더듬거리고 헤매는 '밤의 과학'의 탐구는 '낮의 과학'의 탐구가 냉정하고 질서 있는 논리에 의존하는 것만큼 직관에 의존한다."[6]

따라서 우리는 '과학적 방법'이라는 문구를 과학적 지식을 생산하기 위해 간단히 크랭크crank를 돌리는 절차 같은 어떤 것으로 생각하면 안 된다. 과학자는 통상적인 편견, 자존심, 실패에 대한 두려움, 성공에 대한 희망, 객관성을 해치는 다른 모든 장애물을 가진 인간이다. 그런데도 과학이 수 세기에 걸쳐 현실에 대해 그 작동에 걸맞는 설명을 해주었기 때문에 우리는 많은 질병을 치료하며 예방할 수 있고, 우주선을 태양계의 경계로 보낼 수 있고, 나노-장치를 만들 수 있고, 고대의 가장 부유했던 왕을 능가하는 생활양식의 표준을 제공할 수 있고, (슬프게도) 원자핵 폭발을 일으킬 수도 있다. 심지어 어떤 사람은 과학을 단지 "지식을 얻는 하나의 특정한 방법으로, 다른 방법보다 더 나을 게 없다"라고 말한다. 하지만 과학은 모든 실수(아마 그 가운데 일부가 원인인)에도 불구하고, 다른 모든 방법이 무엇이든 간에 어느 것도 필적할 수 없는 결과를 만들어왔다.

과학적 방법은 현재의 실체를 검증하는 데 이용될 뿐만 아니라 과거의 실체를 검증하는 데도 이용된다. 예를 들어, 빅뱅 같은 우주의 탄생에 관한 이론이 있다. 이 우주론의 결론 가운데 하나는 항성과 은하가 지구에서 (그리고 서로) 멀어져야 한다는 것인데, 그 결론은 현대의 천문학적인 관측과 일치한다. 우리는 빅뱅의 재현이 포함된 어떤 연출된 실험도 할 수 없기 때문에 수동적인 관찰로 만족할 수밖에 없다. 지질학과 고인류학처럼 과학의 많은 부분은 과거의 사건에 관심을 가진다. (인류 역사에 대한 학문도 마찬가지다.) 어떤 과거에 관한 이론이 이어지는 '철저한 탐구'를 통해 발견할 수도 있다고 주장하는 것이 무엇인지 예측함으로써 우리는 그 이론에 대해 평가할 수 있다. (어떤 사람들은 과거의 사건에 관한 이론을 바탕으로 만들어진 예측을 '사후 추정postdictions'이라고 부른다.)

실제로 '과학이 어떻게 진보하는가'라는 점이 과학의 역사를 다룬 책과 논문의 전부다. 예를 들어, 그 역사의 매혹적인 부분의 하나는 어떻게 전자기파에 대한 생각이 지난 수 세기 동안—빛의 속성에 대한 초기 연구에서부터 양자역학까지 일관되게—점진적으로 발전했는지에 관한 것이다. 그 역사에 대한 간략한 설명만으로도, 과학적 지식은 우연한 발견과 앞선 이론을 토대로 진화하고, 그에 따라 구축된다는 특징을 알게 될 것이다.

1600년대 중반 광학에 대한 뉴턴의 연구 이후, 사람들은 분광기를 이용해 화면 위에서 빛을 띠로 영사되는 색으로 굴절시키는 실험을 진행했다. 1800년대에 영국 천문학자 윌리엄 허셜William Herschel은 화면의 붉은 띠 가까이 '빛이 나지 않는' 부분에 온도계를 두었을 때 '무언가'가 온도계를 뜨겁게 만든다는 것을 발견했다. 허셜은 붉은 띠 아랫부분에 영향을 미치는, 분광기를 통해서 나오는 뭔가 '보이지 않는' 빛(나중에 '적외선'으로 불리게 되었다)이 있음이 틀림없다고 이론화했다. 한 해 뒤에, 독일 물리학자 요한 빌헬름 리터Johann Wilhelm Ritter는 아마 반대의, 즉 온도계를 식히는 효과가 보라색 빛의 바로 위에서 발생할 것이라고 생각했다. 그의 실험에서 무언가 다른 것이 발견되었는데, 말하자면 보라색 띠 바로 위의 그 '무언가'는, 염화은으로 적신 종이를 검게 만들었다. 여기에 보이지 않는 빛이 더 있었고, 나중에 이것이 '자외선'으로 불리게 되었다. 실험은 새롭게 발견된 '보이지 않는 빛' 모두가, 보이는 빛과 똑같이, 직선으로 이동한다는 것을 보여주었다.

1700년대 후반에서 1800년대 초반 과학의 다른 '영역'에서는 벤저민 프랭클린Benjamin Franklin과 알레산드로 볼타Alessandro Volta와 같은 사람이 다양한 종류의 전기 활동을 관찰하고 관련 이론을 구축하고 있었다. 전기와 쌍둥이인 자기磁氣는 고대에서부터 알려졌다. 이전까지 분리된 이 두 현상의 연계는 1820년대 한스 크리스티안 외르스테드Hans Christian Ørsted, 덴마크 물리학자·화학자에 의해 처음 관찰되었다. 그는 강의 자료를 준비하면서 전류를 켰다 껐다 할 때 가까이 있는 자침이 움직이는 것을 우연히 발견했다. 그 뒤 바로 앙드레마리 앙페르André-Marie Ampère, 프랑스 물리학자·수학자는 전류가 흐르는 도체 사이의 자기력을 표현하기 위해 수학적인 이론을 개발했는데, 이로써 '전자기학electromagnetism'의 개념이 탄생했다.

1830년대에 영국의 화학자이자 물리학자인 마이클 패러데이Michael Faraday는 '전자기력장電磁氣力場, electromagnetic force field'이라는 개념을 개발했다. 스코틀랜드의 물리학자이자 수학자인 제임스 클러크 맥스웰James Clerk Maxwell은 이 개념을 기반으로 해 파동波動, waves으로서 전자기력의 전파와 전자기력의 장에 관한 수학적인 이론을 만들어냈다. 그의 이론을 구성하는 방정식 결과 가운데 하나는 전자기파의 속도가 이미 측정된 빛의 속도와 거의 같다는 점을 보여주었다. 이런 우연을 바탕으로 그는 빛 자체도 전자기파라고 주장했다.[7]

맥스웰의 작업 바로 얼마 뒤에, 주로 독일에 있었던 다양한 물리학자와 공학자가 또 다른 실험을 진행했다. 그들은 크룩스관이라고 불리는 부분적으로 진공화한 유리 용기를 사용했는데, 그 관의 음극과 양극의 요소가 전원과 연결될 때, 푸르스름한 형광 빛이 나타나 그 관의 끝으로 쏘아졌다. 특별히 고안된 이 실험에서 그 관의 끝에 있는 빛이 양극에 비친 날선 그림자를 둘러싼다는 것이 밝혀졌다. 1869년 요한 히토르프Johann Hittorf는 '무언가'가 음극에서 (양극을 향해) 직선으로 이동해 그림자를 만든다고 결론지었으며, 1876년 오이겐 골트슈타인Eugen Goldstein은 이 '무언가'가 음극에서 나온다는 것을 증명하고, 이를 '음극선'으로 명명했다.[8] 그 당시 이런 선rays이 미립자微粒子, tiny particles인지 또는 전자기복사電磁氣輻射, electromagnetic radiation인지에 관해 논쟁이 있었다. 1896년 영국 물리학자 J. J. 톰슨J. J. Thompson 등은 그 빛이, 이전에는 알려지지 않은 음극을 띤 입자—지금은 전자로 불린다—로 구성되며 수소 원자의 약 1000분의 1에 상당하는 질량을 가진다는 점을 보여주었다. 즉, 크룩스관의 음극선은 입자이며, 그 자체로는 전자기 복사가 아니었다.

하지만 1890년대 중반 독일 물리학자 빌헬름 뢴트겐Wilhelm Röntgen은 이 입자가 양극, 즉 크룩스관의 유리 용기에 부딪칠 때 그 관 밖에서 다양한 물질을 통과해 이동할 수 있는 새로운 종류의 방사선放射線을 만들어낸다는 점을 보여주었다. 그는 그것이 알려지지 않은 형태의 방사선임을 나타내기 위해 '엑스선x-rays'이라고 불렀다. 한 실험에서 그는 아내의 손을 촬영하기 위해 그 선을 사용했다. (인간 신체의 일부분을 촬영한 첫 번째 엑스선이다.) 이후의 실험에서는 광학 격자optical gratings에서 굴절되는 것과 같은 방법으로 엑스선의 빛의 경로가 굴절되는 것이 제시되어, 엑스선이 다른 종류의 전자기복사라는 주장의 증거가 되었다.

이와 같은 실험이 진행되는 동안 사람들은 전자기파를 전달하는 데 필요하다고 생각되는 공간-투과의 매개체, 이른바 에테르aether에 호기심을 가졌다. 에테르는 음파가 공기를 통해서 전달될 때의 공기와 유사한 것인가? 태양을 도는 지구의 속도는 이미 측정되었다. 하지만 이 에테르를 통과하는 지구의 속도는 어떤가? 똑같이, 에테르가 지구를 스칠 때 그 '바람'의 속도는 어떠한가? 미국의 과학자인 앨버트 마이컬슨Albert

Michelson과 에드워드 몰리Edward Morley는 이 바람의 속도를 측정하는 실험을 구상했다. 그 실험은 지구의 움직임에 따라 다른 두 방향으로 이동하는 빛의 속도 차이를 측정하는 것을 포함했다. 1887년에 실시된 이 실험에서는 가능한 측정 오류를 넘어서는 어떤 차이도 나타나지 않았다. 그 결과에서 두 가지 중요한 결론이 나온다. 첫째, 빛의 속도는 c로 표현되는데, 지구와 관련된 방향에 상관없이 빛의 속도는 일정했다. 둘째, 상상된 에테르의 바람은 전혀 속도가 없었다. 따라서 만약 바람이 없다면 에테르 같은 것은 없는 것이다.

당연히 마이컬슨과 몰리는 부정적인 결과에 실망했다. 그들은 에테르의 부존재에 대해서 절대로 충분히 납득하지 않았으며 실험 설정의 오류와 결점을 찾으려 했다. (이런 것이, 인간이면서 자신의 생각에 전념하는 과학자가 실패한 실험을 다룰 수 있는 방법 가운데 하나다.) 마이컬슨은 지구가 에테르를 함께 '끌고 다닐'지도 모른다고 생각했다. 만약 그렇다면 속도 없는 바람을 설명해줄 것이다. 그렇지만 점차 많은 과학적인 토론과 마이컬슨, 몰리 그리고 다른 사람들에 의해 추가적으로 실시된 실험의 부정적인 결과에 따라 에테르의 존재에 관한 이론은 폐기되어야만 했다. 분명히, 전자기파는 매개체 없이 빈 공간을 이동할 수 있다.

네덜란드 물리학자 헨드릭 로런츠Hendrik Lorentz는 방향에 관계없이 빛의 속도가 일정한 이유에 관한 이론을 발전시킨 사람 가운데 한 명이다. 그는 운동하는 물체가 운동 방향으로 수축한다는 점을 제시했다. 즉, 두 빛줄기의 속도를 측정하기 위해 사용되는 어떤 '측정기ruler'도 동일한 속도 값을 산출하기에 충분할 만큼 정확하게 수축할 것이다.

전자기학에 대한 맥스웰의 이론에 자극받은 아인슈타인은 1905년 특수 상대성 이론을 공표했다. 그 이론의 예측 가운데 하나는, 운동하는 방향으로 물체의 길이가 수축될 것이라는 점이었다. 다른 하나는, 운동하는 방향으로 시계가 더 천천히 갈 것이라는 점이었다. 이런 수축 효과는 보통의 속도에서는 무시해도 되지만 빛의 속도에 근접하면 극적으로 변한다. 두 예측은 모두 이어지는 실험에 의해 확인되었다. 특수 상대성 이론의 또 다른 결과는, 질량과 에너지는 동등하다($E=mc^2$)는 것이다. 이는 입자가속기로 확인되었으며, 핵폭발로 드라마가 되었다.

20세기 초반 전자기파에 관한 이론은 훨씬 더 흥미로워졌다. 1905년 아인슈타인은, 에너지 수준은 분리된 양量, 즉 '양자量子, quanta'에 의해서만 변할 수 있다는 막스 플랑크Max Planck의 가설을 이용해 빛(사실은 모든 전자기복사)은 나중에 '광양자光量子, photons'로 불린 개별적인 입자로 구성되어 있다고 제시했다. 이러한 광양자의 에너지는 그 복사의 빈도frequency of the radiation에 비례한다. 아이슈타인의 광양자 이론은 나중에 '양자역학'으로 불리게 된 것을 향한 주요한 걸음이었다.

그렇다면 무엇이 빛의 '진짜 속성'인가. 파동인가 아니면 입자particles인가? 글쎄, 그것은 우리가 빛에 대해 무엇을 하려는지에 달려 있다. 모형은 건축물이기 때문에, 사람들은 오직 손에 쥐고 있는 정신적인 재료로만 모형을 만들어낼 수 있다. 입자라는 생각과 파동이라는 생각 모두 사람들의 일상적인 물리적 경험에 기초한 개념이다. 빛줄기가 좁고 기다란 틈을 통과해 화면에 밝고 흐릿한 패턴을 만들어낼 때 무슨 일이 발생하는지 설명하려는 시도는 교차하는 바닷가 파도의 마루와 골이 어떻게 서로를 강화하고 소멸시키는지를 자연스럽게 생각하게 만든다. 어떻게 빛이 아주 작은 금속 표면을 움직이도록 압력을 가하는지에 관해 설명하려는 시도는 표면에 영향을 미치는 입자의 흐름을 자연스럽게 생각하게 만든다. 아직까지 우리는 단일하고, 일관되고, 직관적으로 이해할 만한 빛 이론을 구축할 만한 일상적인 경험을 가지고 있지 않다.

하지만 닐스 보어, 아르놀트 조머펠트Arnold Sommerfeld, 에르빈 슈뢰딩거Erwin Schrödinger, 베르너 하이젠베르크Werner Heisenberg, 폴 디랙Paul Dirac 등 그 밖에 많은 사람에 의해 더욱 발전된 양자역학 덕분에 빛의 입자 같고 파동 같은 움직임은 단일한 수학적인 묘사로 설명될 수 있다. 그렇지만 직관적인 모형이 오직 수학으로만 구축된 모형보다는 훨씬 더 만족스럽고 강력하기 때문에, 심지어 서로 모순임에도 불구하고 파동 모형과 입자 모형은 모두 남아 있고 또한 유용하다. 다만 우리는 환경에 적절한 모형을 사용하기 위해 신중해야 한다.

'중첩superposition'과 '뒤엉킴entanglement'처럼 양자역학의 많은 개념은 아직 만족스럽고 직관적인 설명을 가지고 있지 않다. (하지만 일관되게 확인되는 실험실 예측을 만들어내는 방법을 통해 수학적으로 묘사된다.) 그런 정신적인 그림의 결여에 연연하지 말아야 한다고 주장하는 물리학자들이 있는데, 그들은 일부 사람들이 이른바 '닥치고 계산shut-up-and-calculate' 학파로 부르는 곳에 속한다. 모형이 맞는 예측을 하는 한 누가 신경을 쓰겠는가? 심지어 양자역학은 우리 대부분의 이해를 넘어서고 있지만, 많은 현대 기술 분야의 발전에 필수적이다. 레이저, 컴퓨터 칩, 전자현미경, 자기공명 영상이 그 사례다. 미래에는 현재의 가장 빠른 컴퓨터보다 훨씬, 훨씬 더 빠르게 과업을 수행하는 양자 컴퓨터를 갖게 될지도 모른다.

광학 분광기에서 양자역학까지 이끈 조각 그림 맞추기의 모든 과정에는 동료 과학자들이 검토한 논문 공표, 실험을 재현하려는 시도, 다른 과학자들의 비판이 따랐다. 신뢰할 가치가 있는 과학적 지식은 이런 매우 중요한 공동체적인 노력에 의존한다. 공동체에 참가하는 것은 적절한 학술지에 동료 과학자들이 검토한 과학적인 결과를 공표하는 것과 함께 시작된다. 이 결과를 읽고 이해할 수 있는 다른 과학자들은 비판을 제기할 수 있고, 새로운 실험 결과인 경우에는 실험을 재현하려고 시도할 수도 있다.

과학에서 객관성objectivity을 고양하기 위해 토론과 비판은 극도로 중요하다. 역사가 조이스 애플비Joyce Appleby, 린 헌트Lynn Hunt, 마거릿 제이콥Margaret Jacob은 다음과 같이 썼다.

(객관성)은 단순히 개인 안에 있는 것이 아니고 오히려 비판, 논쟁, 대화로 달성된다. 누적되는, 경쟁적인, 그러므로 때때로 이념적인, 과학의 사회적인 과정이 없었다면 17세기 이후 알려진 과학이란 것은 없었을 것이다. 비판은 객관성을 조성해 합리적인 탐구를 고양한다. 객관성은 순수한 의지로 도달되는 입장이 아니며, 대부분의 사람이 대부분의 시간 동안 하는 일상적인 탐구 방법도 아니다. 그 대신 그것은 사회적인 이해, 이념, 목적 지향적이고 숙련된 지식 추구 틀 안에 있는 사회적인 관행의 충돌 결과다.[9]

객관성은 '촉진'될 수 있지만, 절대로 완전하게 달성될 수는 없을 것이다. 화학자이자 철학자인 마이클 폴라니Michael Polanyi는 다음과 같이 썼다. "완전한 객관성은 …… 환상이고 실제로 잘못된 이상이다."**10** 그런데도 과학자는 반드시 그것을 위해 노력해야 한다.

과학자는 여러 방법으로 이론과 실험 결과에 대해 논쟁하고 도전한다. 어떤 이론에 반대되는 논쟁을 하는 사람은 그 이론을 지지하는 실험에 결함이 있거나 그 결과가 오류라고 주장할지도 모른다. 예를 들어, 사람들은 스탠리 폰스Stanley Pons와 마틴 플라이슈만Martin Fleischman이 실시한 상온 핵융합 실험에는 결점이 있다고 지적했으며, 초능력이라는 존재를 지지하는 것을 노린 실험에서 자주 결점이 발견된다. 결점을 방지하기 위해서는 결정적인 실험이 매우 신중하게 실시되어야 하고 독립적인 연구자―실험 결과에 다른 감정적인 이해관계를 가진 과학자―에 의해 재현되어야 한다는 점이 중요하다. 만약 어떤 이론을 지지하는 실험에서 결점을 발견할 수 없다면, 그 이론의 반대자는 그 실험 결과를 더 잘 설명해주는 훨씬 더 신뢰할 만한 대체 이론을 제시할 수 있다. 또는, 새로운 실험 결과가 그 이론과 일치하지 않는다고 주장할 수 있다.

어떤 이론을 지지하는 주장을 하는 사람은 반복된 실험의 긍정적인 결과 혹은 또 다른 확인된 예측을 인용할 수 있다. 또는, 문제가 되는 이론을 뒷받침하는 합의된 기본 이론을 언급할 수 있다. 어떤 이론에 대한 반대에 반박하기 위해 그 이론의 지지자는 경쟁하는 이론에 반대되는 증거를 인용할 수 있다. 이론을 확인하는 실험에 실패할 때 그 이론의 지지자는, 마이컬슨과 몰리처럼, 설명을 통해 이런 부정적인 결과를 배제하려고 시도할지도 모른다. 종종 요란스럽지만 항상 필요한 과학적 토론의 역사에서 이런 종류의 논쟁 모두를 쉽게 찾아볼 수 있다.

이론의 신뢰성에 영향을 미치고 토론과 비판에 합리성을 부여하는 몇 가지 추가적인 요소가 있다. 그 요소에는 단순성par-simony, 설명력explanatory power, 대담함boldness이 포함된다. 보통 복잡한 이론보다 모든 자료와 일치하는 가장 간단한 이론에 더 높은 신뢰성이 부여된다. 이런 선호는 '단순성의 원칙'으로 불리며, 때때로 '오컴의 면도날 원칙Occam's razor principle'으로 불리기도 한다. 윌리엄 오컴William of Occam은 14세기 논리학자이자 프란체스코회 수사였는데, "변수entities는 필요 이상으로 수를 늘리면 안 된다"와 같은 말을 했다고 한다. 그 '면도날'은 복잡한 이론의 불필요한 변수를 잘라내기 위해 사용된다.

어느 정도까지 단순성은 보는 사람에게 달렸고 이론을 설명하는 데 사용되는 언어에 의존하지만, 약간의 유용한 측정 방법이 있다. 그 가운데 하나가 그 이론이 요구하는 변수의 숫자다. 예를 들어, 중세 유럽에서 지배적인 이론이었던 프톨레마이오스의 이론에서 태양, 달, 행성은 고정된 중심인 지구 주위를 원을 그리며 돈다. 이런 원의 반경이 프톨레마이오스의 이론에 필요한 변수다. 이 이론과 천문학적인 관측을 일치시키기 위해서는, 행성들이 커다란 원형 궤도에 겹쳐져 작은 원을 이루면서 조금 춤을 춰야만 했다. '주전원epicycles'이라고 불린 이러한 작은 원들은 지구-중심 이론을 유지하기 위해 필요한 추가적인 변수다. (일찍이 기원전 3세기에 사모스의 아리스타르코스Aristarchus of Samos가 주장한) 태양-중심 이론은 코페르니쿠스Copernicus에 의해 부활되었고, 티코 브라헤Tycho Brahe가 수집한 자료와 일치시키기 위해 나중에 케플러Kepler에 의해 수정되었다. 태양-중심 이론에서는 모든 행성이 태양 주위를 타원형 궤도로 회전한다. 각 궤도는 단지 두 개의 변수, 즉 두 초점의 위치로 설명될 수 있다. 경쟁했던 프톨레마이오스의 이론도 조정을 통해 브라헤의 자료와 일치시킬 수 있었다. 그 조정은 주전원에 또 다른 주전원을 추가하는 방식으로 이루어졌지만 더 많은 변수가 필요했다. 비록 두 이론 모두 자료와 일치했지만, 더욱 적은 변수를 가진 케플러의 이론이 더욱 단순했고, 그런 이유로 승리했다.

현실 그 자체가 간단하다고 (따라서 아마 간단한 이론에 의해 가장 잘 설명된다고) 믿을 만한 어떤 근거도 없지만, 현실에 대한 더 좋은 설명으로 더 간단한 이론을 선호하는 데는 타당한 기술적인 이유가 있다. 이론의 각 변수는 손잡이와 같은데, 그 손잡이는 이론을 실험 자료와 일치시키기 위해 필요할 때 조정될 수 있기 때문이다. 돌려야 할 손잡이가 많을수록, 선택해야 할 다른 특정 이론이 많아진다. 그리고 선택해야 할 이론이 더 많을수록, 새로운 예측을 하는 데 그리 좋지 않은 이론이 선택될 가능성이 더 높아지는 것 같다. (비록 그 이론이 우연히 손에 쥔 자료와 들어맞는다고 해도.) 추가적인 손잡이가 할 수 있는 모든 것은 현실의 어떤 근본적인 규칙을 포착하기보다 오히려 자료의 특이점을 포착하는 것뿐이다. 예를 들어, 오래전부터 통계학자들은 자료에 들어맞는 간단한 모형이 복잡한 모형보다 더욱 괜찮은 예측을 한다는 점을 알고 있었다.11

어떤 이론의 **설명력** 또한 그 이론의 신뢰성에 기여한다. 여러 개별적인 주제에 걸친 독립적인 관찰을 설명하는 이론은 훌륭한 설명력을 가졌다고 말해진다. 예를 들어 해수면의 상승, 대기와 해수 온도의 상승, 빙하의 융해와 더불어 기후변화를 지지하는 많은 독립적인 증거의 원천이 있다. 더 이른 봄과 더 늦은 가을에 동물의 계절적인 이동이 발생하고, 식물은 봄에 더 일찍 꽃을 피우고 가을에 더 늦게 성장을 중단하며, (허리케인과 홍수같이) 극단적인 기후 현상이 점점 더 만연해진다. 지구온난화는 인상적인 설명력을 가지고 있다.

훌륭한 설명력을 가진 여러 다른 사례를 인용할 수도 있다. 판구조론plate tectonics은 지질학, 생물학, 화석학, 지진학, 지리학, 화산학, 지구물리학을 포함한 수많은 이질적인 분야의 관찰에 의해 강하게 지지된다. 진화론은 생물에 대해 전체를 포괄하는—다양성, 연관성, 행동, 심지어 왜 일부는 흔적 기관과 부속 기관을 가지는지와 같은 상세한 사항까지—관찰을 설명한다.

만약 다른 분야의 이론들이 더 일반적인 이론의 특별한 경우로 간주될 수 있다면, 더 일반적인 이론은—생물학자 에드워드 O. 월슨Edward O. Wilson의 용어로—**통섭**consilience의 속성을 가진다. 통섭 이론은 전반적인 분야를 포괄해 높은 신뢰성을 부여받는다. 예를 들어, 하늘과 지구를 연결한 뉴턴의 중력 이론은 지구를 향해 추락하는 물체뿐만 아니라 행성의 궤도 역시 설명해준다. 뉴턴은 지구를 향한 물체를 관장하는 법칙이 다른 어떤 곳의 물체도 관장한다는 점을 처음으로 제시한 것 같다. (그 법칙은 우주적universal이었다.) 그리고 맥스웰의 전기역학electrodynamics은 전기, 자기, 전파와 광파를 연결했다. (즉, 앙페르, 카를 프리드리히 가우스Carl Friedrich Gauss, 패러데이의 앞선 이론들을 포괄했다.)

놀랍고, 대담하고, 검증 가능한 예측—다른 이론들과 상식이 말하는 것과는 상당히 다른—을 하는 이론은 특별히 주목할 만하다. 칼 포퍼는 대담한 이론을 "틀릴 수 있는 커다란 위험을 받아들이는—만약 사정이 달라진다면, 당장에는 틀린 것으로 보이는—이론"으로 규정했다.**12** 만약 이런 놀라운 예측이 실험을 통과한다면, 그 이론은 단지 아주 보수적인 예측을 하는 이론보다 높은 지위를 부여받는다. 그렇지만 과학자들은, 지나치게 대담한 이론은 반드시 지나치게 엄격한 검증을 통과해야 한다고 주장한다. '틀리게 될 커다란 위험'이 있기 때문에 대담한 이론이 자주 실패하는 것은 놀라운 일이 아니다. 오직 혹독한 검증에 실패하지 않을 때만 우리는 그 이론에 높은 신뢰성을 부여한다.

아인슈타인의 특수 상대성 이론과 일반 상대성 이론은 놀라운 예측을 하고, 이어진 신중한 실험으로 확인된 대담한 이론의 사례다. 일반 상대성 이론의 특별히 중요한 두 예측은 지구 같은 중력 물체는 주위의 공간과 시간을 휘게 만들며, 그 물체의 회전을 따라 공간과 시간을 끌어당긴다는 것이다. 중력 측정 위성-B Gravity Probe B로 불린 엄청나게 비싸고 오랫동안 지속된 실험은, 지구궤도를 도는 극단적으로 민감한 자이로스코프 gyroscopes의 멀리 떨어진 지표 항성에 대한 방위를 추적 관찰해 두 예측을 확인했다.[13]

대담한 이론의 또 다른 사례는 스탠리 폰스와 마틴 플레이슈만의 저온 핵융합 이론이다. 그 이론은 확실히 대담했다. 정착된 핵 이론에 도전했고 실험적으로 검증 가능한 놀라운 예측을 했기 때문이다. 하지만, 아직까지 그 이론은 모든 검증에 실패했다.

우리가 살고 있는 세상을 묘사하고 설명하려는 다른 시도와 과학을 구분하는 주요한 기준은, 과학은 그 이상理想에 부응할 때 비판적인 토론을 용인한다는 — 정말로 권장한다는 — 점이다. 철학자 데이비드 밀러David Miller가 다음과 같이 썼듯이 "최대한도의 비판을 제공하기 위한 모든 노력이 기울여져야 한다. 반박을 위해 현실을 샅샅이 뒤져야만 한다".[14]

비판의 다른 장점은 많은 이론을 산출하는 이론가들에 의해 발생하는 폭발을 통제하는 데 도움을 준다는 점이다. 사람들은 어떤 이론이 철저하게 평가될 수 있는 것보다 더 빠르게 그 이론을 날조할 수 있다. 에드워드 윌슨이 썼듯이 "누구나 이론을 가질 수 있다. 돈을 내고 당신의 관심을 위해 경쟁하는 이론 가운데 골라 가져라. 죽은 자의 영혼을 즐겁게 하려고 닭을 희생시키는 부두교 사제도 이론에 따라 일하고 있다. 재림의 신호를 찾아 아이다호Idaho의 하늘을 지켜보는 천년왕국의 광신자도 그렇다".[15] 많은 이론이, 단순히 과학자들이 그들의 시간을 낭비하는 것으로 생각하기 때문에 거부된다.

결국, 논쟁이 정리된 이후 과학자들은 보통 이론의 신뢰성에 대해 합의에 이른다. 윌슨에 의해 제시된 것과 유사한 용어를 사용하면, 특정한 분야의 대부분의 과학자는 그 분야의 어떤 이론이 "시사적이다", "설득력 있다", "강력하다" 또는 "명백하다"라는 합의에 이르게 된다.[16] 그리고 이런 명칭은 과학계가 성숙함에 따라 변할 수 있다.

하지만, 심지어 어떤 이론에 대해 합의가 이루어진 이후에도 새로운 실험과 관찰이 그 이론으로 해결할 수 없는 문제 — 사소한 수정으로는 해결할 수 없는 — 를 만들어낼지도 모른다. 그런 경우에 결국 낡은 이론은 완전히 새롭고 근본적으로 다른 이론으로 대체될지도 모른다. 과학사학자 토마스 쿤Thomas Kuhn은 그런 돌연한 변화를 "패러다임의 전환paradigm shift"[17]이라고 불렀다. 패러다임의 전환이 일어나면 낡은 이론은 새로운 이론을 위해 거부되거나 단지 특별한 경우의 간헐적인 이용을 위해 선반 위에 놓일지도 모른다. 일련의 점점 더 나은 행성 이론에 대해서 이미 언급했듯이 프톨레마이오스, 케플러, 뉴턴의 이론은 모두 패러다임 전환의 사례다. 상대성 이론과 양자역학으로의 이동은 추가적인 두 사례다.

과학철학자 파울 파이어아벤트Paul Feyerabend는, 자연계에 대한 새롭고 향상된 지식을 획득하는 것은 종종 몇몇 과학적 방법의 관행을 위반하는 것에 의존한다고 주장했다. 과학적 방법에 대한 어떤 논의도 이러한 그의 견해를 언급하지 않고서는 완성되지 않는다. 그의 탁월한 책『반방법론Against Method』은 과학적 탐구와 관련해 뜻밖의 행운과 역사적이고 개인적인 요소의 중요성을 옹호하며 여러 사례를 제시했다. 예를 들어, 그는 다음과 같이 주장한다. "아무리 오래되고 엉터리더라도 우리의 지식을 향상시킬 수 없는 생각은 없다."[18] 과학의 실행에서 이론을 만들기 위해서는 파이어아벤트의 '어느 것도'라는 태도가 필요하며, 이론을 평가하기 위해서는 상세하고 철저한 비판이 필요하다.

복잡한 실험실 실험처럼 과학적 방법의 많은 측면이 일상생활을 평가하는 데 적용되지는 않겠지만, 약간의 노력을 통해 우리는 과학자들이 일상적으로 적용하는 몇몇 절차를 받아들일 수 있다. 예를 들어, 어떤 믿음의 결과를 점검할 수 있다. 그 결과는 믿을 만한가? 만약 우리의 믿음 가운데 하나가 다른 믿음과 모순이라면, 그 가운데 하나 또는 둘 모두를 조정해 그런 갈등을 해결하고자 시도할 수 있다. 어떤 믿음이 믿을 만한 설명을 하고 있는지 물어볼 수도 있다. 만약 그 믿음이 자체로 다른 믿음이나 관찰에 대한 설명이라면, 그것이 가장 간단한 설명인지 물어볼 수도 있다. 만약 어떤 믿음이 관련된 전문가와 그들의 합의된 견해가 있는 주제에 관한 것을 다룬다면, 우리의 믿음을 그 견해와 비교할 수도 있다. 그리고 아마 다른 믿음을 가졌을지도 모르는 사람들과 자신의 믿음에 관해 의논할 수도 있다. 토론에서 면제된 생각은 과학에서 절대로 좋은 지위를 차지할 수 없고, 일상생활에서도 그래야만 한다.

토론에서 면제된 생각은
과학에서 절대로 좋은 지위를
차지할 수 없고,
일상생활에서도 그래야만 한다.

8

로봇의 믿음

많은 로봇과 컴퓨터 시스템은 인간처럼 물리적이고 인지적인 복잡한 행동이 가능하다. 예를 들어, 물리적인 측면에서 구글Google은 스스로 완전히 자동으로 운전할 수 있는 차를 개발하고 있다. 구글 블로그에 따르면 다음과 같다.[1]

숙련된 운영자가 탑승한 자동화된 차들은 마운틴뷰 캠퍼스에서 산타모니카 사무실까지 지금 막 운행을 마쳤고 할리우드 대로로 가고 있다. 그 차들은 (매우 가파르고 꾸불꾸불한) 롬바르드 거리를 지났고, 금문교를 건넜고, 태평양 연안 고속도로를 운행했으며, 심지어 타호 호수 주변까지 내내 성공했다. 대체로 자율주행차들은 14만 마일(22만 5308킬로미터) 이상을 운행했다(사람이 개입한 것은 단지 두 번이다).

자율주행차는 텔레비전카메라 시각장치, 위성항법장치, 라이다 감지기뿐만 아니라 합법적이고 능숙한 운전에 필요한 다양한 원천의 지식과 함께 구글의 스트리트 뷰Street View 와 차량운전 법규에서 얻은 정보와 지도에 접속할 수 있다.

인지적인 측면에서, IBM의 컴퓨터 왓슨Watson은 2011년 2월에 방영된 퀴즈 쇼 경기 〈제퍼디Jeopardy!〉에서 인간 챔피언 두 명을 이겼다. 왓슨은 수백만 장의 서류, 사전, 백과사전, 다른 참고 자료를 포함하는 4조 바이트의 자료에 접속했다.

자동차를 운전하는 사람은 운전에 관해 믿음을 가지고 있고, 〈제퍼디!〉에 참가하는 사람은 문학, 문화, 운동경기 그리고 다른 주제에 관해 믿음을 가지고 있다고 우리는 틀림없이 말할 것이다. 그렇다면 구글의 자율주행차와 왓슨 역시 믿음을 가지고 있다고 말할 수 없는가?

우리는 믿음을 (다른 정신적인 특성과 함께) 인간의 속성으로 생각한다. 철학자 대니얼 데닛Daniel Dennett이 주장하듯이, 그렇게 하는 것이 인간의 행동을 설명하고 예측하는 데 도움을 주기 때문이다.[2] 그는 로봇이나 컴퓨터 시스템과 같은 사물에도 동일한 요인이 적용된다고 주장한다. 일상적인 대화에서 우리는 지식과 믿음을 컴퓨터 시스템 덕분으로 돌린다. "워드 프로세서 프로그램은 내가 소문자 i를 대문자로 바꾸기를 원한다고 믿었다" 또는 "체스-놀이 프로그램은 내가 외통수에 빠진checkmated 것을 알았다"와 같이 말하는 것은 흔한 일이다. 이런 식으로 컴퓨터의 작동을 묘사하는 것이, 예컨대, 따로 떨어진 소문자 i를 대문자로 자동으로 바꾸는 실제 컴퓨터 코드를 참고했다고 하는 것보다 더욱 편리하다. 비록 심리학자와 신경과학자는 아직 믿음이 정확하게 무엇이고 인간의 뇌에 어떻게 반영되는지 아주 많이 알지는 못한다. 하지만 기술자들은 그들이 만든 로봇과 컴퓨터 시스템에 지식이 어떻게 반영되는지 정확하게 알고 있다. 그들은 이런 시스템이 어떻게 작동하는지를 진술하는 데 사용되는 기술적인 용어의 한 부분으로 '믿음'이라는 단어를 사용해야 할지 말지를 결정하기에 이르렀다.

컴퓨터 개척자 존 매카시John McCarthy는 믿음이 기계의 속성임을 옹호했다. 예를 들어, 그는 온도 조절 장치가 설치된 방이 너무 춥다는 '믿음'이 그 온도 조절 장치로 하여금 난방기를 작동시키게 만드는 것이라고 말할 수도 있다고 주장했다. 그의 표현대로 "온도 조절 장치는 방이 너무 춥거나 덥다고 믿을 때 난방기에게 그렇다고 말하는 메시지message를 보낸다".[3] 매카시도 인정하는바, 온도 조절 장치처럼 간단한 장치의 경우에는 전기 스위치를 움직이는 두 종류의 금속조각을 포함한 설명을 사용해 그 작동을 너무 쉽게 이해할 수 있기 때문에 그것의 믿음에 관해 말할 필요는 없다.

그렇지만, 컴퓨터처럼 더욱 복잡한 시스템에 대해서 믿음의 기술적인 정의를 제공하는 것은 가능할 뿐만 아니라 유용하다. 나는 컴퓨터 시스템의 기억장치에 서술적으로 반영된 모든 정보가 컴퓨터의 믿음을 구성한다고 말하고 싶다. 예를 들어, 1960년대 스탠퍼드 연구소Stanford Research Institute가 만든 로봇 쉐이키Shakey는 "17번 출입구는 4번 복도를 따라 32번 방에 연결된다"와 같은 서술적인 문장의 방대한 데이터베이스를 보유했다. (이런 문장의 실제 형식은 영어가 아니라 '1차 술어 논리

first-order predicate calculus'로 불리는 컴퓨터 친화적인 언어를 사용한다.) 쉐이키는 방에서 방으로 어떻게 이동할지 도움을 받기 위해 그러한 '믿음'을 이용했다.

가장 흔한 종류의 데이터베이스 시스템은 데이터를 이른바 '상관적인relational' 형식에 따라 서술적으로 표현한다. 예를 들어, 우리는 마이크로소프트의 아웃룩Microsoft's Outlook 같은 어떤 프로그램이 "존 존스의 집 주소는 엘름 스트리트 1342이다"라고 믿는다고 말할 수 있다. 만약 그 프로그램의 데이터베이스에 그 문장에 상당한 것이 포함되어 있다면 말이다. 심지어 우리는, 아웃룩이 그렇듯이, 데이터베이스 시스템이 그 주소를 분명히 표현하는지의 여부를 스스로 알았다라고 말할 수 있다. 예컨대 "내 컴퓨터는 많은 내 친구의 이름, 주소, 전화번호를 안다"와 같은 말을 하는 것은 흔한 일이다.

즉, 정보의 아주 많은 부분이 서술적으로 표현되기 때문에 우리는 구글의 무인 자동차가 운전에 관해 믿음을 가졌고 왓슨이 〈제퍼디!〉에서 승리하는 데 필요한 많은 것에 관해 믿음을 가졌다고 말할 수 있다. 왓슨이 가진 믿음의 많은 부분은 실제로 영어 문장 형식인데, 예를 들어, 크리스토퍼 렌 경Sir Christopher Wren이 이매뉴얼 대학Emmanuel College과 펨브로크 대학Pembroke College을 설계했다고 결론짓게 만들었다. 텔레비전 방송을 찍은 사진처럼(〈사진 8-1〉) 왓슨은 85퍼센트의 신뢰 값으

〈사진 8-1〉 왓슨의 신뢰 값(Watson's confidence value)

로 그 답을 믿었다. 그 믿음에 기초해서 답을 제시하는 것은 충분히 자신만만한 일이었다.

현대의 많은 정보시스템은 서술적 지식을 네트워크로 조직한다. 네트워크의 연결과 교점links and nodes은 문장-형식 정보의 간결한 표현을 허용한다. 〈그림 8-1〉이 하나의 사례다. 이런 도식은 "지오는 로봇이다", "미아는 사람이다", "미아가 지오를 프로그램했다"와 같은 문장을 표현하는 방법이다. 이것은 "미아는 행위자이다"와 같이 추가적인 사실을 획득하는 데도 사용된다. 이런 도식은 '의미 네트워크semantic networks'로 불리기도 한다. (물론, 컴퓨터에서는 컴퓨터 코드ー그림이 아니라ー로 표현된다. 컴퓨터 코드 자체보다는 그림 같은 것이 인간이 이해하기에는 더 쉽다.) 이런 네트워크는 많은 존재와 그 속성에 관한

〈그림 8-1〉 의미 네트워크

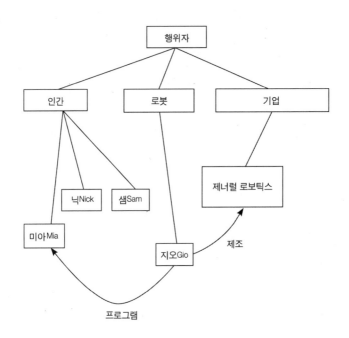

정보를 표현하기 때문에 '존재하는 것'과 관련 있는, 철학에서 빌려 온 용어를 사용해 종종 '온톨로지ontologies'라고 불린다. 온톨로지는 응용 프로그램 가운데서 특히 월드와이드 웹world wide web, 소프트웨어 공학, 생명의료정보학, 기업체, 도서관학에서 정보를 조직하기 위해 사용된다. 몇몇 심리학자는 인간이 온톨로지와 어느 정도 비슷한 정신적인 구축물에 자신의 믿음을 축적한다고 생각한다.

컴퓨터 시스템의 믿음은 그 시스템의 데이터베이스에 있는 명제의 보충, 수정, 삭제에 의해 갱신될 수 있다. 수정은 인간 프로그래머에 의해 이루어질 수 있고, 또는 더욱 흥미롭게도 시스템이 환경 그리고 데이터와 상호작용하면서 시스템 자체에 의해 이루어질 수도 있다. 자율-수정은 인공지능 연구자가 '기계 학습machine learning'이라고 부르는 것의 한 사례다. 구글의 자율주행차처럼 일부 로봇은 자신의 다양한 감지기가 환경에 대해 말하는 것을 토대로 자신의 세상 모형을 끊임없이 갱신한다.

영어 문장을 포함한 수백만의 웹 페이지에서 논리적인 명제를 추출하는 것이 가능한 여러 컴퓨터 시스템이 있다. 추출된 명제는 서술적 지식의 컴퓨터 데이터베이스에 더해져 인간 사용자가 제기한 질문에 답을 주기 위해 이용된다.[4]

또 다른 사례가 있다. 잼베이스Jambayes라고 불리는 교통-예측 시스템은 마이크로소프트의 클리어플로우Clearflow 시스템의 효시인데,**5** 5년간의 교통 자료와 사고, 날씨, 주요 스포츠 경기, 지역 행사를 포함한 기타 정보를 통해 자동적으로 구축된 명제의 믿음 네트워크를 사용한다.

로봇은 특정 과업을 수행하기 위해 프로그램을 조정하는 것과 같은 절차적 지식을 학습할 수도 있다. 이에 관해 여러 접근 방법이 연구되었다. '시범 학습'으로 불리는 방법에서는 인간 교사가 복잡한 과업을 어떻게 수행하는지 시범을 보이고, 로봇의 지각 시스템은 과업이 수행되는 여러 방법을 관찰한다. 이러한 지각 정보(많은 시범을 통해 일반화된)를 얻어 조정 프로그램은 로봇이 과업을 스스로 수행할 수 있을 때까지 자동으로 종합되고 조절된다. 하나의 사례로, 어떤 로봇은 오렌지 즙을 어떻게 준비하는지 학습한다.**6** 논문이 말하듯이, 이런 과업은 "오렌지 즙 짜내기, 남은 부분 쓰레기통에 버리기, 액체를 컵에 붓기처럼 다양한 세부 작업을 포함할 것이다. 더 나아가, 이런 과업이 수행될 때마다 그 로봇은 물품 위치 바꾸기 같은 변화에 대응할 필요가 있을 것이다". 만약 실패한다면 인간 교사는 오로지 더 많은 시범을 보여줘야 한다.

'강화 학습'이라고 불리는 또 다른 방법에서, 로봇의 조정 프로그램은 미래에 발생할 가능성이 있는 몇몇 주어진 특정 과업을 성취하는 데 공헌하는 행동을 할 때 '보상'받는다. 많은

컴퓨터 시스템의 믿음은
명제의 보충, 수정, 삭제에 의해
갱신될 수 있다.

시도 뒤에, 로봇 장치는 그 과업을 수행하는 프로그램을 '학습'할 것이다. 그 과정이 어떻게 작동하는지에 대한 상세한 설명은 상당히 복잡하지만, 그 방법은 모형 헬리콥터가 곡예비행 조종을 학습하게 만드는 것처럼 몇몇 인상적인 결과를 달성했다.7

컴퓨터와 로봇의 믿음이 인간의 믿음과 무슨 관계가 있는가? 우리의 다양한 공학 장치는 종종 생물학적인 현상을 이해하는 데 영감을 준다. 심장은 일종의 펌프이고, 눈은 일종의 렌즈와 사진기이고, 팔다리의 근육과 힘줄은 지렛대가 당기는 케이블과 같고, 귀는 일종의 마이크이고, 뇌는 한때 일종의 수압 장치로 나중에는 전화교환기로 지금은 컴퓨터로 간주되고 있다. 컴퓨터 시스템이 어떻게 믿음을 획득하고, 창조하고, 조직하고, 평가하는지를 고려하는 것은 사람들이 이러한 일을 어떻게 하는지에 대한 유용한 지침을 제공한다. 비교 연구는 종종 비교되는 대상을 밝히는 데 도움을 준다. 예를 들어, 화성과 다른 행성에 관한 지질학적 과정의 연구는 지구의 지질학을 더 잘 이해하게 하는 일반화로 이어진다. 다른 언어를 연구하는 것은 언어학에 관한 유용한 일반화에 공헌한다. 나는 인간의 믿음에 관한 추가적인 통찰은 아마 우리를 로봇과 비교함으로써 획득될 것이라고 생각한다.

나는 우리 인간이 — 비록 아주, 아주 복잡하고 여전히 가까스로

컴퓨터 시스템이 어떻게
믿음을 획득하고, 창조하고,
조직하고, 평가하는지를 고려하는 것은
사람들이 이러한 일을 어떻게 하는지에
대한 유용한 지침을 제공한다.

이해되지만—로봇처럼 기계라고 생각한다. 유용한 믿음을 형성하는 우리의 능력과 관련해, 나는 우리가 꽤 많이 로봇과 같은 처지에 있다고 생각한다. 로봇과 꼭 마찬가지로, 우리는 환경의 모형을 만들어내기 위해 지각장치를 이용한다. 또한 로봇과 마찬가지로, 이들 모형 가운데 일부는 서술적인 문장 형태, 즉 믿음으로 구성되어 있다. 그리고 더욱 진보된 로봇처럼, 우리는 믿음의 결과를 얻고 믿음에 대한 설명을 제시하기 위해 추론 능력을 사용한다. 몇몇 로봇은 심지어 실험을 제안하고 실시해 자신의 믿음을 검증할 수도 있다. 로봇은 정보를 얻기 위한 어떤 '마술적인', 비물질적인 수단도 가지고 있지 않다. 나는 사람도 그렇다고 생각한다.

9

믿음의 함정

이 책에서 나는 우리의 믿음은 변화해야만 한다고 계속해서 강조해왔다. 과학자들은 자신의 이론을 더욱 나은 이론으로 대체하는 것에 익숙하다. 그런데 왜 우리는 우리의 일상적인 믿음을 잠정적인 것으로 간주하지 못하는가? 비록 우리의 믿음을 완전히 새로운 믿음으로 대체하지는 않더라도, 최소한 새로운 정보를 바탕으로 그리고 다른 사람들과의 의논 뒤에는 기꺼이 그 믿음의 강도를 약화하려고 해야만 한다.

지적으로는 우리의 믿음이 원칙적으로 잠정적임을 기꺼이 받아들일 수 있는 반면, 실제로 믿음을 바꾸는 것은 매우 어려울 수 있다. 우리는 결국 비판적인 평가를 이겨내지 못할 믿음에 쉽게 빠진다. 이런 '믿음의 함정'에는 우리의 생활 방식과 관련된 이유는 물론 여러 심리학적인 이유가 있다. 먼저 생활 방식과 태도에 의해 야기된, 믿음의 변경을 막는 장애물을 살펴보자.

어떤 사람들은 많이 어울리지 않는다. 그들은 자신의 믿음에 도전하는 자료는 읽지 않으며 자신의 믿음과 다른 믿음을 가진 사람들과의 토론에는 참가하지 않는다. 이런 식의 삶을 사는 결과는 믿음 침체로 나타날 수 있다. 실제로, 그 결과는 더욱 나빠질 수 있다. 하버드 대학의 법률 교수 캐스 R. 선스타인Cass R. Sunstein이 쓴 책은, 사람들이 오직 생각이 비슷한 사람들하고만 믿음에 대해 의논할 때 그들의 믿음은 더욱 극단적이 된다는 연구를 언급한다.[1] 예를 들어 "생각이 비슷한 자유주의자끼리 기후변화에 대해 토론할 때, 그들은 기후변화에 더욱 경각심을 가지는 것으로 끝을 낸다. 보수주의자끼리 동성 결혼에 대해 토론하기 위해 모일 때, 그들은 동성 결혼을 더욱 심하게 반대하게 된다".[2]

우리가 다른 사람들과 의논하는 것에 개방적이든 아니든 간에, 기술 때문에 우리 모두는 어느 정도의 지적인 고립을 강요받기 시작했다. 엘리 프레이저Eli Pariser는 그의 책 『필터 버블 The Filter Bubble』에서, 우리가 구글과 페이스북Facebook 같은 사이트와 더욱 많은 상호작용을 할수록, 우리는 주로 그 사이트가 우리의 기존 견해와 선호에 맞추기 위해 걸러낸 정보를 점점 더 많이 제공받게 될 것이라고 주장했다.[3] 그런 사이트는 우리 개개인의 기호에 특별히 맞춰진 정보(그리고 광고)를 제공하는 것이 목적인데, 비슷한 견해의 거품 — 거슬리는 정보를 걸러내는 — 속에 우리를 고립시키는 경향이 있다.

믿음의 변경을 가로막는 또 하나의 장애물은 심리적인 것이다. 즉, 정보를 처리하는 우리의 기제mechanism에 내장되어 있다. 예를 들어, 심리학자 대니얼 T. 길버트Daniel T. Gilbert는 분리된 두 정신 활동, 즉 이해comprehension와 평가assessment에 대해 설명한다.[4] 이해는 우리가 듣고 읽는 하나의 명제 또는 일련의 명제들을 파악하는 것을 의미하고, 평가는 이해된 점을 다른

오직 생각이 비슷한 사람들하고만
믿음에 대해 의논할 때
그들의 믿음은 더욱 극단적이 된다.

정보와 비교하는 것을 의미한다. 가장 중요하게, 우리는 이해를 먼저하고 평가를 나중에 한다! 길버트 같은 많은 사람이, 우리는 평가를 실시할 여유를 갖기 전에 이해한 것을 자동적으로 믿는 경향이 있다고 주장한다. 평가의 과정에서는 이해의 자동적인 과정에서보다 더 많은 정신적인 노력이 필요하다. 길버트가 표현하듯이, 사람들이 "시간, 에너지, 또는 결정적인 증거의 부족에 직면하면 (그들은) 어쩔 수 없이 이해하는 과정에서 받아들인 생각을 수용할 수밖에 없게 된다". 나아가 길버트는 "다수의 연구 논문이 발견한 것은 하나의 요점으로 수렴 한다. 즉, 사람은, 믿기는 아주 쉬워하고 의심하기는 아주 어려워하는 쉽게 믿는 생물이다"라고 결론짓는다.

그러나, 의심은 믿음의 함정을 막는 소중한 보호막이다. 물리학자 리처드 파인먼은 다음과 같이 말했다.[5]

나는 의심과 불확실과 무지와 함께 살 수 있다. (나는 모르고 사는 것이 틀릴 수도 있는 답을 가진 것보다 훨씬 더 흥미롭다고 생각한다.) 나는 근접한 답을 가지고 있고, 가능한 믿음을 지니고 있고, 다른 사물에 다른 수준의 확신을 가지고 있다. 하지만 나는 어느 것도 절대적으로 확신하지 않으며, 아무것도 모르는 많은 것이 있다.

평가 과정 자체는 어떠한가? 거기에도 작용하는 심리적인 과정이 있다. 바로 확증 편향confirmation bias과 부정 편향disconfirm-ation bias이 공정한 믿음 평가를 방해한다. 확증 편향은 이미-가진 믿음을 지지하는 정보를 선호하는 경향이다. 부정 편향은 이미-가진 믿음에 반하는 정보를 무시하거나 묵살하는 경향이다. 이들 편향이, 강하게 지니고 있거나 오랫동안 지녀온 믿음에 가장 큰 영향력을 행사한다.

심지어 찬반 양쪽 모두에서 쟁점이 제시되는 상황에서도 이런 편향은 우리의 생각을 바꾸지 못하도록 작용한다. 실제로 쟁점에 관한 찬성과 반대의 증거를 들은 후 사람들은 자신의 견해에 한층 더 극단적이 되는 경향이 있다. 선스타인의 책은 여러 학술적인 연구를 인용하는데, 몇몇 명제와 쟁점에 대해 다른 견해를 가진 집단에게 찬반 양쪽의 주장이 제시되었다. 그 결과, 사람들의 믿음이 완화되기는커녕 두 집단의 믿음은 서로 더욱 멀리 떨어지게 된다. 선스타인은 《뉴욕 타임스》 기사에서 그 이유를 요약하면서 다음과 같이 말한다.[6]

사람들은 처음에 생각한 것을 지지하는 정보를 얻을 때, 그 정보에 상당한 비중을 둔다. 그들은 처음의 믿음을 약화하는 정보를 얻을 때, 그 정보를 묵살하는 경향이 있다.

이런 관점에서 사람들이, 말하자면, 사형에 관해 서로 대립하는 처음의 믿음에서 시작할 때 나중에 접하는 균형 있는 정보가 오히려 처음의 의견 차이를 더욱 고조할 수 있다는 점은 이해할 만하다. 사형을 지지하는 경향이 있는 사람들은 그들의 원래 견해를 지지하는 정보를 신뢰하고 반대하는 정보는 묵살한다. 다른 편에게도 똑같은 일이 발생한다. 그 결과, 분열은 확대된다.

우리는 왜 이런 확증과 부정 편향을 가지고 있는가? 그 편향은 우리가 정보를 처리하는 방법에 내장되어 있는가? 한 연구자가 표현한 대로 "믿음의 정확성이 우리의 유일한 인지認知 목표는 아니다. 우리의 다른 목표는 이미-존재하는 믿음, 응집력 있는 우리의 전체적인 삶을 통해 차곡차곡 구축해온 믿음을 입증하는 것이다". 우리의 믿음은 반드시 보호되어야 하는 숲과 같고, 우리의 뇌는 거기에 속박된 것처럼 보인다.[7]

이런 편견에 대응하기 위해 우리는 전문가들이 무엇을 믿는지 찾아볼 수 있다. 전문가들이 반대로 믿을 때, 확증 편향이나 부정 편향에 근거해 힘을 얻는 무언가를 믿는 것은 무모한 일로 보인다. 물론, 특히 첨단 과학에서 우리는 항상 신중하게 전문가의 견해를 살펴봐야 한다. 그렇지만 심지어 그런 경우에도, 매우 논란이 많은 주제에 대한 믿음에 높은 강도를 부여하기보다는 단지 보통의 신뢰성을 가진 믿음을 지니고 사는 것이 더욱 현명해 보인다.

자랑스러운 우리의 추론 과정은 어떠한가? 그것은 심리적인 장애물에 대응해 믿음을 평가하기 위해 사용될 수 없는가? 적절히 사용된다면 추론은 확실히 다른 믿음과 상충하는 믿음을 드러낼 수 있다. 이와 같은 상충을 알게 되면 우리는 불일치를 해결하기 위해 믿음을 변경하게 된다. 그렇지만 추론 과정이 논리보다 감정에 의해 더 많이 이끌리면 잘못된 방향으로 갈 수도 있다. 뇌 연구자는 '동기부여가 된 추론motivated reasoning'으로 불리는 종류의 비-논리적인 추론을 담당한다고 생각되는 뇌의 특정 부위를 식별하기 위해 신경 촬영neuro-imaging 기술까지 사용해왔다. 그들은 이 부위가, 우리의 판단이 "위험 회피와 동기 달성에 부정적인 영향을 최소화하거나 긍정적인 영향을 최대화하는 것"으로 수렴하도록 작동한다고 주장한다.[8] 우리가 좋아하는 믿음을 확인하고 우리가 좋아하지 않는 믿음을 부정하는 것은 동기부여가 된 추론의 사례다.

심지어 논리적으로 추론한다고 생각할 때조차 우리는 여러 종류의 추론 오류에 빠질 수 있다. 여기에 다섯 가지 사례가 있다.[9]

1. 귀추법(후건 긍정affirming the consequent으로도 불린다)

일반적인 형태는 두 명제 "만약 P이면 Q이다"와 "Q이다"에서 P를 도출한다. 귀추법은 괜찮은 추측으로 이어질 수 있지만, 타당한 결론을 만드는 것을 보장하지는 못한다. 예를 들어 "만약 어젯밤에 비가 내렸다면 오늘 아침에는 풀이 젖어 있을 것이다"와 "오늘 아침에 풀이 젖어 있다"라는 명제에서 우리는 "어젯밤에 비가 내렸다"라고 결론을 내리도록 유혹받을지도 모른다. 그렇지만 당연히 풀이 젖어 있는 다른 이유가 있을 수 있다. 따라서 그 결론은 보장받지 못한다. 귀추법은 종종 유용한 가설로 이어지지만, 그런 가설이 반드시 타당한 것은 아니다.

2. 무지에 의한 논증Argument from Ignorance

만약 우리가 P에 관한 어떤 증거도 갖고 있지 않다면, P는 오류임이 틀림없다. 그러나 단지 네안데르탈인이 동굴벽화를 그렸다는 어떤 증거도 가지고 있지 않다는 점이 네안데르탈인이 동굴벽화를 그리지 않았다는 것을 의미하지는 않는다. 격언이 말하듯이 "증거의 부재가 부재의 증거는 아니다".

3. 유추 오류False Analogy

만약 두 개체가 유사하다면, 그들은 동일한 속성을 공유한다. 예를 들어, 복잡한 인공 물체는 우주에 ─ 그 자체로 극단적으로 복잡한 ─ 비유된다. 복잡한 공예품은 지적인 설계자에 의해 설계되고 제작되었다. 그러므로 우주도 지적인 신에 의해 설계되고 제작되었다고 생각한다. 꼭 그렇지는 않다!

4. 도박사의 오류Gambler's Fallacy

만약 **독립적인** 우연한 사건의 반복 결과가 양쪽 가운데 어느 한쪽으로 심하게 기운다면, 다음 차례의 결과는 다른 한쪽이 되기 쉬울 것이다. 예를 들어, 동전 던지기에서 앞면이 계속해서 스무 번 나왔다면 다음 던지기에서는 뒷면이 나올 가능성이 높다고 생각한다. 그렇지 않다. 뒷면이 나올 가능성은 여전히 단지 50퍼센트다.

5. 인과의 오류Post Hoc, Ergo Propter Hoc Fallacy: "이 뒤에, 따라서 이 때문에"라는 뜻의 라틴어

일반적인 형태는 "P가 발생했다, 그리고 Q가 발생했다, 그러므로 P가 Q를 초래했다"이다. 그러나 당연히 어떤 다른 사건이, 이를테면 R이 P와 (나중에) Q 모두를 초래했을 수도 있다. 이 오류는 아마 우리 안에 내장된 인과 추론 능력 ─ 대단히 중요하고 유용한 능력! ─ 의 일부분이기 때문에 피하기가 매우 어렵다. 이 오류는 종종 무엇이 무엇을 초래했는지에 관한 적절한 믿음으로 이어진다. 그러나 항상 그렇지는 않다.

사람들을 한두 종류의 믿음의 함정에 빠지게 만들어온 많은 주제가 있다. 예를 들어, 어떤 사람들은 특정 엘리트들이 전통적인 가치에 해로울지도 모르는 '새로운 세계 질서'를 촉진하기 위한 시도를 하고 있다고 믿는다. 다른 사람들은 정부가(또는 기업체 또는 그 둘의 결합체가) 새로운 의학적 치료, 대체에너지 자원, 다른 유용한 기술에 관한 정보를 억제하고 있다고 믿는다. 이런 종류의 믿음이 이른바 '음모 이론'의 사례다. 상수도 불소화는 세계를 전복하기 위한 공산주의자들의 책략이라는 것과, 정부의 후원을 받는 백신 프로그램은 세뇌 프로그램의 일환이라는 것을 비롯해 문자 그대로 수백의(수천은 아니라도) 음모 이론이 있다. 위키피디아Wikipedia에서 광범위한 목록을 찾아볼 수 있다.[10]

또 다른 믿음-함정 주제로는 지적 설계, 천사의 존재, 지하물의 위치를 특정하기 위한 수맥 찾기의 효력, 영생, 초능력, 외계인의 납치, 비행접시, 꿈의 예측 능력, 돌팔이 요법 등등이 있다.[11]

내가 '믿음 확장belief expansion'이라고 부르는 과정을 따르게 될 때, 몇몇 이런 믿음이 어떻게 진행될지를 추측해보는 것은 흥미롭다. 믿음 확장은 어떤 믿음을 관련된 믿음으로 채워 그 믿음을 정교하게 만드는 것을 의미한다. 믿음 확장은 과학자가 그들의 이론을 확장하려는 노력에 비유된다. 과학적 이론이 처음 제시될 때 그 이론에는 항상 정교화가 필요하다. 예를 들어, 닐스 보어가 '행성'인 전자가 중심의 핵 주위를 돈다는 그의 원자모형을 고안해냈을 때 (다른 무엇보다) 그 전자의 속성과 궤도를 설명하는 일이 남아 있었다.

비슷한 과정이 믿음에도 적용될 수 있다. 예를 들어, 수맥 찾기의 믿음을 살펴보자. 만약 나무 막대로 수맥을 찾는 것이 지하의 물을 발견하는 데 도움을 준다면, 막대의 속성이 점진적으로 변함에 따라 그 다양한 속성은 어떻게 수맥 찾기의 성과에 영향을 미치는가? 막대의 구성 요소와 크기는 어떤가? (최소한 x보다 크고 y보다 작아야만 하는가?) 막대가 그런 한계에 도달함에 따라 정확히 얼마나 성과가 저하되는가? 막대의 밀도와 색은 어떤가? 만약 이런 질문에 대한 답변이 제공된다면, 수맥-막대의 속성이 어떻게 성과에 영향을 미치는 역할을 하는지에 대한 설명은 무엇인가?

또 다른 사례로, 사람이 죽음을 이겨내는 불멸의 영혼을 가졌다는 믿음을 살펴보자. 믿음 확장의 과정은 아마 (다른 무엇보다) 우리의 가까운 사촌인 네안데르탈인이 영혼을 가졌었는지 그리고 (그와 관련해) 모든 동물이 영혼을 가졌는지에 대한 질문을 포함할 것이다. 믿음을 확장하려는 시도는 그 믿음을 보유한 사람에게 어려운 (그리고 원하지 않는) 도전장을 던질 수 있다.

우리 가운데 많은 사람이 이런 대상의 일부를 믿는다는 점은 큰 문제가 되지 않을 것이다. 예를 들어, 만약 당신이 우물 파기 사업과 관련이 없다면 아마 수맥 찾기에 관해 당신의 입장을 가질 필요는 없다. 그리고 개인적인 천사를 믿는 것은, 어려울 때 천사가 중재할 것이라는 기대에 따라 무모하게 행동하지 않는 한 아마 해롭지는 않을 것이다.

그런데도 제대로 된 부모 또는 시민이 되거나 우리의 개인적인 안녕을 위해서는 많은 것에 대해 우리가 무엇을 믿는지가 문제가 된다. 진화에 대한 우리의 견해는 학교 위원회 선거에서 어떻게 투표할지에 영향을 미칠 것이다. 미국인 가운데 거의 절반이 진화를 믿지 않는다는 점은(2012년의 갤럽 조사) 우울한 일이다. 그것은 과학 ─ 우리의 진보, 건강, 번영에 매우 중대한 학문 ─ 을 가르치고 소통하는 우리의 능력에 대해서 무엇을 말하는가? 지구온난화에 대한 우리의 믿음은 대체에너지 자원에 대한 지지에 영향을 미칠 것이다. 매체의 폭력이 어린아이에게 미치는 효과에 대한 우리의 믿음은 아이들이 텔레비전에서 무엇을 봐도 되는지 허락하는 데 영향을 미칠 것이다. 그리고 기타 등등이 있다. 다행히 우리는 우리의 믿음을 들여다볼 수 있고, 그 믿음이 우리에게 더욱 유용할 수 있도록 변경할 수도 있다.

결론적으로 이 책은 내 상위-믿음, 즉 믿음에 관한 나의 믿음에 대한 책이다. 그 가운데 하나는, '저기에 있는 세상'에 대해서 정보를 얻는 유일한 문은 우리의 제한되고 오류에 빠지기 쉬운 감각 장치(자연적이든 인공적이든 모두)를 통한다는 것이

제대로 된 부모 또는 시민이 되거나
우리의 개인적인 안녕을 위해서는
많은 것에 대해 우리가 무엇을
믿는지가 문제가 된다.

다. 마치 그것은 반투명의 뿌연 '감각 장막' — 통과할 수 있는 길을 찾은 감각 자료를 제외하고는 무엇이든 차단하는 — 에 의해 현실 자체에서 우리가 분리된 것과 같다. 우리의 지각 시스템은 존재하는 믿음과 기대를 이용해 그 창으로 들어오는 것을 믿음으로 전환하는데, 그 믿음은 당면한 현실에서 우리가 효과적인 역할을 하도록 돕는다.

내 상위-믿음 가운데 또 다른 하나는 과학적 방법이, 믿음을 생성하고 평가하기 위해 지금까지 발견된 가장 좋은 방식을 제공한다는 것이다. 과학은 '알기 위한 단지 하나의 방법'이며 그들 자신의 직관, 내밀한 감정, 계시보다 꼭 더 나은 지식을 산출하지는 않는다고 주장하는 사람들이 있다. 그러나 '그런 다른 방법들'은 과학에 의해 만들어진 현실 모형 — 현대사회에 자연 세계에 대한 전례 없는 이해와 통제를 제공한 — 보다 더 경쟁력 있는 현실 모형을 만들어내지 못했다.

믿음의 함정에서 벗어날 최선의 해결책은, 과학자들이 하는 것과 똑같이, 우리의 믿음을 다른 사람들의 합리적인 비판에 노출하는 것이다. 철학자 존 스튜어트 밀John Stuart Mill이 썼듯이 "반대와 어려움을 회피하는 대신 그것을 추구하고, 그 주제를 비출 수 있는 어느 방면의 빛도 차단하지 않는 (사람은) …… 유사한 과정을 거치지 않은 어떤 사람 또는 대중보다 더욱 잘 판단할 권리를 가진다".[12]

용어 해설

여기에 제시된 정의 가운데 일부는 이 책에서 지은이가 이 단어들을 사용하는 방법에 기초했다. 따라서 전통적인 정의와 차이가 날 수 있다. 명조 볼드로 표시된 단어들은 이 용어 해설 안에서 상호 참조될 수 있다.

가상현실(virtual reality)
현실의 모형.

객관성(objectivity)
개인적이거나 주관적인 편향에서 독립된 속성.

결과(consequence)
논리 또는 원인의 효과를 통해 획득한 결론.

과학적 방법(scientific method)
과학자들이 자연 세계에 관한 이론을 고안하고 검증하기 위해 사용하는 비공식적인 질문, 토론, 확인 과정.

과학적 이론(scientific theory)
자연 세계에 대한 이론으로, 그 이론을 검증하기 위해 설계된 실험 결과와 일치하고 다른 실험의 결과를 예측하고 반증이 가능한 것.

귀추법(abduction)
어떤 결과가 주어지면 그 결과가 함축하는 선행 사건이 참일 수도 있다는 추론. 즉, 만약 P가 Q이면 Q일 경우 P라고 추론.

기후변화국제협의체(Intergovernmental Panel on Climate Change(IPCC))
기후변화의 가능성과 그 원인에 관한 전문가들의 모임.

네트워크(network)
교차점과 연계로 구성된 구조.

단순성(parsimony)
가장 간단한 설명을 선호하는 편향.

도박사의 오류(gambler's policy)
독립적인 미래 사건의 확률이 과거 사건의 결과에 의해 영향을 받는다는 생각.

도구주의(instrumentalism)
지식은 정확한 예측을 하는 능력 같은 유용성에 의해 평가되어야 한다는 철학적인 견해.

로봇(robot)
컴퓨터 시스템에 의해 통제되는, 감지기와 작동체를 가진 기계적인 장치.

모형(model)
현상을 예측하거나 이해하기 위해 사용될 수 있는 상징적인 묘사. 현상에 대한 일련의 믿음이나 컴퓨터 시뮬레이션이 그 사례다.

믿음(belief)
누구나 보유하는 명제로 그 강도는 매우 약하거나, 매우 강하거나, 또는 그 사이 어느 것도 될 수 있다.

믿음의 강도(strength of a belief)
어떤 믿음에 대한 신뢰성의 척도.

믿음 확장(belief expansion)
주어진 믿음에 관련된 믿음을 더하는 과정.

반증 가능성(falsifiability)
어떤 이론을 검증하는 장래의 실험이 그 이론에 대한 믿음을 크게 감소할 수 있는 가능성.

배당 표시 시스템(parimutuel system)
내기를 거는 것에 따라 경기의 확률(승산)을 계산하는 시스템.

베이지안 믿음 네트워크(Bayesian belief network)
명제의 네트워크로, 각 명제가 다른 명제들과 연계되고, 각 명제가 네트워크 안에서 연계를 통해 다른 명제들의 확률 값에 영향을 미치는 확률 값을 가진다.

변수(entities)
어떤 이론이 설명해야 하는 자료에 그 이론이 더 잘 맞도록 필요에 따라 그 이론을 조정하는 개체.

부정 편향(disconfirmation bias)
이미 가진 믿음을 약화하는 증거에 비중을 덜 부여하는 경향.

비판적인 생각(critical thinking)
가능한 한 관련된 많은 명제의 영향을 고려해 명제를 상세하게 조사하는 과정.

빠른 생각 대 느린 생각(fast versus slow thinking)
습관적이고 자동적인 반응에 기초해 결론에 이르는 과정 대 철저하고 분석적인 숙고에 기초해 결론에 이르는 과정.

사실(fact)
매우, 매우 강하게 믿어지는 진술.

상대주의(relativism)
믿음의 타당성은 그 믿음을 가진 사람 또는 사람들에 따라 상대적이라는 철학적인 견해.

서술적 지식(declarative knowledge)
서술적인 문장으로 표현될 수 있는 지식(**절차적 지식**과 대조).

선행 사건(antecedent)
논리학의 "만약에-그렇다면(IF-Then)" 진술에서 '만약에'에 해당.

설명(explanation)
일련의 진술로, 여기에서 다른 진술이 나오거나 다른 진술의 가능성이 매우 높아진다.

설명력(explanatory power)
넓은 범위의 다른 이론들에 대해 설명할 수 있는 이론의 능력.

설명을 통한 배제(explaining away)
하나의 원인에 대한 믿음이 대체될 수 있는 원인에 대한 향상된 다른 믿음 때문에 감소되는 것.

설명주의(explanationism)
어떤 진술이나 이론에 대해 설명하는 이론을 찾는 과정(보통 **환원주의**로 부른다).

승산(odds)
사건의 확률과 1에서 그 사건의 확률을 차감한 확률의 비율(사건의 확률 : 1-사건의 확률).

시뮬레이션(simulation)
컴퓨터 프로그램으로, 어떤 현상 또는 현상들의 모형.

안다(know)
매우, 매우 강하게 지니는 믿음에 대해 사용되는 단어.

에테르(aether)
한때 전자기파를 전파하기 위해 필요하다고 생각된 공간 속의 가상 물질.

연역법(logical deduction)
논리적인 추리에 의해 도달하는 결론.

오컴의 면도날(Occam's razor)
단순성 참조.

왓슨(Watson)
텔레비전 프로그램 〈제퍼디!〉에서 경기한 것으로 유명한 IBM의 컴퓨터 프로그램.

의미 네트워크(semantic network)
개체들, 개체군들, 그리고 그들 속성의 관련성에 대해 보여주는 네트워크.

이론(theory)
관찰된 자료 또는 다른 이론에 대한 설명.

이론의 손잡이(knobs on a theory)
변수 참조.

인과관계(causality)
두 사건 사이에서 하나가 다른 하나의 원인인 관계.

인과 추론(causality reasoning)
원인이 되는 명제가 주어질 때 그 명제가 초래한 다른 명제의 가능성이 변화하는 과정(**증거 추론**의 반대).

전문가(expert)
하나의 특정 주제 또는 주제들에 관해 특별한 지식을 보유한 사람. 그 주제를 상세하게 연구해온 사람.

절차적 지식(procedural knowledge)
일의 과정 자체에 내장된 순서에 관한 지식(**서술적 지식**과 대조).

주전원(epicycle)
프톨레마이오스의 지구-중심 이론에 있듯이, 더 큰 궤도에 얹힌 작은 순환 궤도.

중복 없는 사건(mutually exclusive events)
그 가운데 오직 하나의 사건만이 발생 가능한 일련의 사건.

증거 추론(evidential reasoning)
결과가 되는 명제가 주어질 때 그 명제의 원인인 다른 명제의 가능성이 변하는 과정(**인과 추론**의 반대).

지식(knowledge)
특정 주제 또는 주제들에 대한 정보의 총합.

직관(intuition)
내적인 감정에 기초해 결론에 도달하는 과정.

진실(truth)
아주, 아주 높은 강도로 믿어지는 믿음.

진실의 일관성 이론(coherence theories of truth)
다른 명제들 사이의 관계(일관성 같은)에 관련된 진실의 철학적 정의.

진실의 일치 이론(correspondence theories of truth)
현실과 현실 자체에 대한 명제의 관계에 관련된 진실의 철학적 정의.

첨단 과학(frontier science)
매우 불확실하거나 새롭게 제시되어 아직 전문가들 사이에서 광범위하게 수용되지 않은 과학.

컴퓨터 시스템(computer system)
프로그램을 가진 컴퓨터.

통섭(consilience)
많은 다른 이론을 포섭하거나 설명하는 통합 이론의 속성.

포괄적인 사건(exhaustive events)
사건들의 집합이며, 그 가운데 적어도 하나가 발생한다.

현실(reality)
우리가 영향을 미칠 수 있고 그 양상들을 지각할 수도 있는, 우리를 둘러싼 세상.

후속 사건(consequent)
논리학의 "만약에-그렇다면(IF-Then)" 진술에서 '그렇다면'에 해당.

확률(probability)
사건 또는 명제의 가능성에 관한 척도.

확증 편향(confirmation bias)
이미 가진 믿음을 지지하는 증거에 비중을 더 부여하는 경향.

환원주의(reductionism)
어떤 진술이나 이론에 대해 설명하는 이론을 찾는 과정(**설명주의**로도 불린다).

주

제사

1. Quotation taken from Louis Menand, *The Metaphysical Club: A Story of Ideas in America* (New York: Farrar, Straus and Giroux, 2001), p. 225.
2. W. H. Auden, as quoted in "The Double Man," by Adam Gopnik in The New Yorker, Sept. 23, 2002, p. 91. Originally from W. H. Auden, "Effective Democracy," *Booksellers Quarterly*, 1939, reprinted in *The Complete Works of W. H. Auden: Prose, Volume II, 1939-1948*, ed. E. Mendelson (Princeton: Princeton University Press, 2002).

1 믿음, 지식, 모형

1. 다른 형태의 지식에는 일화적 지식, 장소적 지식, 시각적 지식, 청각적 지식 등이 있다. 여기서 우리는 믿음을 표현하기 위해 사용하는 유형으로서 서술적인 지식에 주로 관심을 기울인다.
2. Karl Popper, "The Rationality of Scientific Revolutions: Selection Versus Instruction," in *The Myth of the Framework: In Defense of Science and Rationality*, ed. M. A. Notturno (New York: Routledge, 1994), p. 7.
3. David Deutsch, *The Fabric of Reality* (London: Penguin Books, 1997), p. 121.4. Richard Dawkins, *Unweaving the Rainbow: Science, Delusion, and the Appetite for Wonder* (Boston: Houghton Mifflin, 1998), pp. 275.276.

2 믿음은 우리를 위해 무엇을 하는가

1. Daniel Kahneman, *Thinking, Fast and Slow* (New York: Farrar, Straus and Giroux, 2011).
2. Richard Dawkins, *Unweaving the Rainbow: Science, Delusion and the Appetite for Wonder* (New York: Houghton Mifflin Company, 1998).
3. From the lyrics of "Munchhausen" by Friedrich Hollaender. English lyrics by Jeremy Lawrence from a translation by Alan Lareau; from the printed matter of the London CD *Ute Lemper, Berlin Cabaret Songs* (452 849.2).
4. Robin Hanson, private communication, 1999.

3 믿음은 어디서 오는가

1. David W. Fleck, "Evidentiality and Double Tense in Matses," *Language* 83, no. 3 (2007): 589.614.
2. Jerome Bruner and Leo Postman, "On the Perception of Incongruity: A Paradigm," *Journal of Personality* 18, no. 2 (December 1949): 206.223.
3. "New Jersey Court Issues Guidance for Juries About Reliability of Eyewitnesses," *New York Times*, July 19, 2012, A16.
4. Paul McCartney, "The Fool on the Hill" (lyrics to song), 1967.
5. For an interesting book about this kind of childhood reasoning, see Alison Gopnik, Andrew

N. Meltzoff, and Patricia K. Kuhl, *The Scientist in the Crib: What Early Learning Tells Us About the Mind* (New York: HarperCollins, 2000).

4 믿음 평가하기

1. Samuel Arbesman, *The Half-life of Facts: Why Everything We Know Has an Expiration Date*, New York: Penguin Group, 2012.

2. The IPCC website is available at http://www.ipcc.ch/organization/ organization.shtml.

3. All IPCC reports are available at http://www.ipcc.ch/publications_and_data/publications_and_data_reports.shtml.

4. A report of Working Group I of the Intergovernmental Panel on Climate Change Summary for Policymakers, available at http://www.ipcc.ch/pdf/assessment-report/ar4/wg1/ar4-wg1-spm.pdf. Their fifth report is due to be released in 2014.

5. "Global Climate Change: NASA's Eyes on Earth," available at http://climate.nasa.gov/evidence.

6. Richard A. Muller, "The Conversion of a Climate-Change Skeptic," *The New York Times*, July 30, 2012, A19.

7. Bertrand Russell, "On the Value of Scepticism," from *The Will to Doubt* (New York: Philosophical Library, 1958).

8. 지구온난화의 결과와 관련 있는 증거에 대한 더욱 상세한 논의는 기후변화국제협의체의 보고서에서 찾아볼 수 있다.

9. "Volcanic Gases and Climate Change Overview," USGS Volcano Hazards Program, available at http://volcanoes.usgs.gov/hazards/gas/ climate.php.

10. Karl Popper, *The World of Parmenides: Essays on the Presocratic Enlightenment*, "Essay 1, The World of Parmenides," (New York: Routledge, 1998), p. 26.

5 믿음의 확률

1. 작가 루이스 메난드는 "(실용주의자) 홈스(Holmes), 제임스(James), 피어스(Peirce), 듀이(Dewey)는 …… (믿음)은 단지 미래에 대한 내기라고 반복해서 말했다"라고 썼다. Louis Menand, *The Metaphysical Club: A Story of Ideas in America*, (New York: Farrar, Straus and Giroux, 2001), p. 440.

2. USGS Working Group on California Earthquake Probabilities, "Earthquake Probabilities in the San Francisco Bay Region: 2000 to 2030.A Summary of Findings," available at http://geopubs.wr.usgs.gov/open-file/of99-517/#_Toc464419657.

3. The websites of these markets are, respectively: http://tippie.uiowa.edu/iem, http://www.ideosphere.com/fx-bin/ListClaims and http://www.hsx.com.

4. See *Abrams v. United States*, 250 U.S. 616,630 (1919).

6 현실과 진실

1. Drew Khlentzos, "Semantic Challenges to Realism," *The Stanford Encyclopedia of Philosophy* (Winter 2004 edition), Edward N. Zalta, ed., available at http://plato.stanford.edu/archives/w-

in2004/entries/realism-semchallenge.

2. Hilary Putnam, *Reason, Truth, and History* (Cambridge: Cambridge University Press, 1981), p. 52.

3. Louis Menand, *The Metaphysical Club: A Story of Ideas in America* (New York: Farrar, Straus and Giroux, 2001), p. 363.

4. As quoted by Aage Petersen in "The Philosophy of Niels Bohr," *Bulletin of the Atomic Scientists* 19, no. 7 (September 1963).

5. Robert Bruce Lindsay and Henry Margenau, *Foundations of Physics* (Woodbridge, CT: Ox Bow Press, 1981), p 1. (My thanks to Sidney Liebes for pointing out this quotation.)

6. Richard Rorty, "Being that can be understood is language," Richard Rorty on H.-G. Gadamer, *London Review of Books* 22, no. 6 (March 16, 2000).

7. Richard Rorty, "Pragmatism, Relativism, and Irrationalism," Presidential Address, *Proceedings and Addresses of the American Philosophical Association* 53, no. 6 (August, 1980): 719.738, available at http://www.jstor.org/di scover/10.2307/3131427?uid=3739696&uid=2&uid=4&uid =3739256&sid=21103031110243.

7 과학적 방법

1. Albert Einstein, "Physics and Reality," 1936, reprinted in *Ideas and Opinions* (New York: Crown Publishing Company, 1954), p. 290.

2. Rosanna Gorini, "Al-Haytham the Man of Experience, First Steps in the Science of Vision," *Journal of the International Society for the History of Islamic Medicine* 2, no. 4 (2003): 53.55, available at http://www.ishim.net/ishimj/4/10.pdf.

3. Karl R. Popper, *The Logic of Scientific Discovery*, Chapter IV, original published in 1959 (New York: Routledge, 2000).

4. Brian Greene, *The Elegant Universe: Superstrings, Hidden Dimensions, and the Quest for the Ultimate Theory* (New York: Norton, 1999).

5. 아서 케스틀러(Arthur Koestler)는 우주론의 발전에 관한 책에서 "몽유병자"라는 용어를 사용했다. See Arthur Koestler, *The Sleepwalkers: A History of Man's Changing Vision of the Universe* (New York: MacMillan, 1959).

6. Francois Jacob, "The Birth of the Operon," *Science* 332 (May 2011): 767.

7. James Clerk Maxwell, "A dynamical theory of the electromagnetic field," *Philosophical Transactions of the Royal Society of London* 155 (1865): 459.512.

8. More information about Crookes tubes is available at http://en.wikipedia.org/wiki/Crookes_t-ube.

9. Joyce Appleby, Lynn Hunt, and Margaret Jacob, *Telling the Truth About History* (New York: W. W. Norton & Co., 1994), p. 195.

10. Michael Polanyi, *Personal Knowledge: Toward a Post-Critical Philosophy* (Chicago: The University of Chicago Press, 1958), p. 18.

11. 통계학자들이 말하는 '편향-분산 절충(the bias-variance tradeoff)' 등이 이런 주장의 기술적인

근거를 이룬다.

12. Quotation from *Popper Selections*, ed. David Miller (Princeton, NJ: Princeton University Press, 1985), p. 119.

13. See http://www.nasa.gov/mission_pages/gpb/gpb_results.html for details about Gravity Probe B.

14. David Miller, "Sokal & Bricmont: Back to the Frying Pan," *Pli* 9 (2000): 156.73.

15. Edward O. Wilson, *Consilience: The Unity of Knowledge* (New York: Alfred A. Knopf, 1998), p. 52.

16. Ibid., p. 59.

17. Thomas S. Kuhn, *The Structure of Scientific Revolutions* (Chicago: The University of Chicago Press, 1962).

18. Paul Feyerabend, *Against Method* (London: Verso, 1995).

8 로봇의 믿음

1. The Google blog about self-driving automobiles is available at http://googleblog.blogspot.com/2010/10/what-were-driving-at.html.

2. Daniel Dennett, *The Intentional Stance* (Cambridge, MA: Bradford Books, 1989).

3. John McCarthy, "Ascribing Mental Qualities to Machines," in *Formalizing Common Sense: Papers by John McCarthy*, ed. Vladimir Lifschitz (Norwood, NJ: Ablex Publishing Company, 1990), p. 104.

4. See, for example, Oren Etzioni et al., "Open Information Extraction: the Second Generation," *Proceedings of the Twenty-Second International Joint Conference on Artificial Intelligence*, Vol. 1, pp. 3.10, 2011.

5. Eric Horvitz et al., "Prediction, Expectation, and Surprise: Methods, Designs, and Study of a Deployed Traffic Forecasting Service," *Proceedings of Uncertainty in Artificial Intelligence*, 2005, pp. 275.283.

6. Aude G. Billard and D. Grollman, "Robot Learning by Demonstration," Scholarpedia 2, no. 12 (2013): 3824. See http://www.scholarpedia.org/article/Robot_learning_by_demonstration.

7. Pieter Abbeel et al., "An Application of Reinforcement Learning to Aerobatic Helicopter Flight," in *Advances in Neural Information Processing Systems*, Vol. 19, ed. B. Scholkopf, J. Platt, and T. Hoffman (Cambridge, MA: The MIT Press, 2007), pp. 1-8.

9 믿음의 함정

1. Cass R. Sunstein, *Going to Extremes: How Like Minds Unite and Divide* (New York: Oxford University Press, 2009).

2. From a summary on the back cover of Sunstein's book.

3. Eli Pariser, *The Filter Bubble: What the Internet Is Hiding from You* (New York: The Penguin Press, 2011).

4. Daniel T. Gilbert, "How Mental Systems Believe," *American Psychologist* 46, no. 2 (February

1991): 107.119.

5. From Feynman's interview with *Nova*, January 25, 1983.

6. Cass R. Sunstein, "Breaking Up the Echo," *New York Times*, September 18, 2012, A25.

7. From the website, available at http://www.psychologytoday.com/blog/happiness-in-world/20-1104/the-two-kinds-belief.

8. Drew Westen et al., "Neural Bases of Motivated Reasoning: An fMRI Study of Emotional Constraints on Partisan Political Judgment in the 2004 U.S. Presidential Election," *Journal of Cognitive Neuroscience* 18, no. 11 (2006): 1947.1958.

9. For an extensive list of reasoning errors, see http://en.wikipedia.org/wiki/List_of_fallacies.

10. For a list of conspiracy theories compiled by Wikipedia, see http://en.wikipedia.org/wiki/List _of_conspiracy_theories.

11. Several authors have written about many of these pseudoscientific beliefs. See Michael Shermer, *Why People Believe Weird Things: Pseudoscience, Superstition, and Other Confusions of Our Time* (New York: Henry Holt and Company, 1997); Michael Shermer, *The Believing Brain: From Ghosts and Gods to Politics and Conspiracies, How We Construct Beliefs and Reinforce Them as Truths* (New York: Times Books, 2011); Robert Park, *Voodoo Science: The Road from Foolishness to Fraud* (New York: Oxford University Press, 2000); and Robert Todd Carroll, *The Skeptics Dictionary: A Collection of Strange Beliefs, Amusing Deceptions and Dangerous Delusions* (New York: John Wiley & Sons, 2003).

12. John Stuart Mill, *On Liberty*, London: J. W. Parker, 1859. Reprinted in Kathy Casey (ed.), John Stuart Mill, *On Liberty* (Mineola, NY: Dover Publications, 2002).

더 읽을거리

Carroll, Robert Todd. 2003. *The Skeptic's Dictionary: A Collection of Strange Beliefs, Amusing Deceptions and Dangerous Delusions*. New York: John Wiley & Sons.

Deutsch, David. 1997. *The Fabric of Reality*. London: Penguin Books.

Feynman, Richard P. 1998. *The Meaning of It All: Thoughts of a Citizen-Scientist*. [Based on a three-part public lecture Feynman gave at the University of Washington in 1963.] Jackson, TN: Perseus Books.

Feyerabend, Paul. 1995. *Against Method*. London: Verso.

Kahneman, Daniel. 2011. *Thinking, Fast and Slow*. New York: Farrar, Straus and Giroux.

Kuhn, Thomas S. 1962. *The Structure of Scientific Revolutions*. Chicago: The University of Chicago Press.

Nørretranders, Tor. 1998. *The User Illusion: Cutting Consciousness Down to Size. English Translation Version*. New York: Penguin Books.

Polanyi, Michael. 1958. *Personal Knowledge: Towards a Post-Critical Philosophy*. Chicago: The University of Chicago Press.

Quine, Willard Van Orman and Joseph S. 1978. *Ullian, The Web of Belief*. Second Edition. New York: Random House.

Russell, Bertrand. 1958. "On the Value of Scepticism. " from *The Will to Doubt*. New York: Philosophical Library.

Shermer, Michael. 1997. *Why People Believe Weird Things: Pseudoscience, Superstition, and Other Confusions of Our Time*. New York: Henry Holt and Company.

Shermer, Michael. 2011. *The Believing Brain: From Ghosts and Gods to Politics and Conspiracies, How We Construct Beliefs and Reinforce Them as Truths*. New York: Times Books.

찾아보기

지은이 | 닐스 J. 닐슨(Nils J. Nilsson)

스탠퍼드 대학교 컴퓨터과학부 교수이며 인공지능 연구의 선구자다. 주요 저서로
는『인공지능 탐구: 발상과 성취의 역사(The Quest for Artificial Intelligence: A
History of Ideas and Achievements)』(2009) 등이 있다.

옮긴이 | 박삼주

서울대학교 경제학과를 졸업하고, 한국GM 경영관리 담당 임원으로 재직했다. 주
요 역서로는『글로벌 트렌드 2035: 진보의 역설』(2017, 공역) 등이 있다.

MIT 지식 스펙트럼

믿음 해체하기

지은이 **닐스 J. 닐슨** | 옮긴이 **박삼주** | 펴낸이 **김종수** | 펴낸곳 **한울엠플러스(주)**
편집책임 **배유진** | 편집 **김초록**

초판 1쇄 인쇄 **2017년 3월 30일** | 초판 1쇄 발행 **2017년 4월 10일**

주소 **10881 경기도 파주시 광인사길 153 한울시소빌딩 3층**

전화 **031-955-0655** | 팩스 **031-955-0656**

홈페이지 **www.hanulmplus.kr** | 등록번호 **제406-2015-000143호**

Printed in Korea.

ISBN 양장: 978-89-460-6323-5 03100

  반양장: 978-89-460-6324-2 03100

* 책값은 겉표지에 표시되어 있습니다.